Prochainement, il paraîtra un nouvel ouvrage de M. Emm. GONZALÈS
intitulé : **le Vengeur du Mari**, 4 vol. in-8.

LA
TULIPE NOIRE

PAR

ALEXANDRE DUMAS.

3

PARIS
BAUDRY, LIBRAIRE-ÉDITEUR

De Paul de Kock, Alphonse Karr, Léon Gozlan, Mme la comtesse Dash, Emmanuel Gonzalès, Mme Camille Bodin, Théophile Gauthier, etc., etc.

34, RUE COQUILLIÈRE.

La Bien-Aimée du Sacré-Cœur, par Mme la comtesse DASH,
paraîtra prochainement en 3 vol. in-8.

LA
TULIPE NOIRE.

A LA MÊME LIBRAIRIE.

L'AMANT DE LA LUNE

CHEF-D'ŒUVRE DE PAUL DE KOCK,

Roman entièrement inédit et complet.

D'ARTAGNAN

CAPITAINE DES MOUSQUETAIRES,

Sa vie, ses aventures, ses intrigues, sa mort glorieuse.

Ouvrage complet. 2 vol. in-8.

ÉSAÜ LE LÉPREUX

Histoire du temps de Duguesclin.

PAR M. EMMANUEL GONZALÈS.

Ouvrage complet. — 5 vol. in-8.

L'AMOUR QUI PASSE ET L'AMOUR QUI VIENT

PAR PAUL DE KOCK.

Ouvrage complet. — 2 volumes in-8.

LE GARDE D'HONNEUR

PAR ROGER DE BEAUVOIR.

2 beaux vol. in-8.

Corbeil, typogr. et lith. de Crété.

LA
TULIPE NOIRE

PAR

ALEXANDRE DUMAS.

3

PARIS
BAUDRY, LIBRAIRE-ÉDITEUR

De Paul de KOCK, Alphonse KARR, Léon GOZLAN, Mme la comtesse DASH, Emmanuel
GONZALÈS, Mme Camille BODIN, Théophile GAUTIER, etc., etc.

34, RUE COQUILLIÈRE.

1850

I

I

Où Cornélius embrasse la tulipe noire.

La nuit s'écoula bien douce mais en même temps bien agitée pour Cornélius. A chaque instant il lui semblait que la douce voix de Rosa l'appelait; il s'éveillait en sursaut, il allait à la porte, il approchait son visage du guichet : le guichet était solitaire, le corridor était vide.

Sans doute Rosa veillait de son côté; mais, plus heureuse que lui, elle veillait sur la tulipe, elle avait là sous ses yeux la noble fleur, cette merveille des merveilles, non-seulement inconnue encore, mais crue impossible.

Que dirait le monde lorsqu'il apprendrait que la tulipe noire était trouvée, qu'elle existait, et que c'était van Baërle le prisonnier qui l'avait trouvée?

Comme Cornélius eût envoyé loin de lui un homme qui fût venu lui proposer la liberté en échange de sa tulipe!

Le jour vint sans nouvelle. La tulipe n'était pas fleurie encore.

La journée passa comme la nuit.

La nuit vint et avec la nuit Rosa joyeuse, Rosa légère comme un oiseau.

— Eh bien ? demanda Cornélius.

— Eh bien ! tout va à merveille. Cette nuit sans faute notre tulipe fleurira !

— Et fleurira noire ?

— Noire comme du jais.

— Sans une seule tache d'une autre couleur ?

— Sans une seule tache.

— Bonté du ciel ! Rosa, j'ai passé la nuit à rêver, à vous d'abord...

Rosa fit un petit signe d'incrédulité.

— Puis à ce que nous devions faire.

— Eh bien ?

— Eh bien ! voilà ce que j'ai décidé. La tulipe fleurie, quand il sera bien constaté qu'elle est noire et parfaitement noire, il vous faut trouver un mesager.

— Si ce n'est que cela, j'ai un messager tout trouvé.

— Un messager sûr ?

— Un messager dont je réponds, un de mes amoureux.

— Ce n'est pas Jacob, j'espère.

— Non, soyez tranquille. C'est le batelier de Lœwestein, un garçon alerte, de vingt-cinq à vingt-six ans.

— Diable !

— Soyez tranquille, dit Rosa en riant, il n'a pas encore l'âge, puisque vous même vous avez fixé l'âge de vingt-six à vingt-huit ans.

— Enfin, vous croyez pouvoir compter sur ce jeune homme ?

— Comme sur moi, il se jetterait de son bateau dans le Vahal ou dans la Meuse, à mon choix, si je le lui ordonnais.

— Eh bien, Rosa, en dix heures, ce garçon peut être à Harlem, vous me donnerez un crayon et du papier, mieux encore serait une plume et de l'encre, et j'écrirai, ou plutôt vous écrirez, vous ; moi, pauvre prisonnier, peut-être verrait-on, comme voit votre père, une conspiration là-dessous. Vous écrirez au président de la Société d'horticulture, et, j'en suis certain, le président viendra.

— Mais s'il tarde ?

— Supposez qu'il tarde un jour, deux

jours même; mais c'est impossible, un amateur de tulipes comme lui ne tardera pas une heure, pas une minute, pas une seconde à se mettre en route pour voir la huitième merveille du monde. Mais, comme je le disais, tardât-il un jour, tardât-il deux, la tulipe serait encore dans toute sa splendeur. La tulipe vue par le président, le procès-verbal dressé par lui, tout est dit, vous gardez un double du procès-verbal, Rosa, et vous lui confiez la tulipe. Ah! si nous avions pu la porter nous-mêmes, Rosa, elle n'eût quitté mes bras que pour passer dans les vôtres; mais c'est un rêve auquel il ne faut pas songer, continua Cornélius en soupirant; d'autres yeux la verront défleurir. Oh! surtout, Rosa, avant que ne la voie le président, ne la laissez voir à personne. La tulipe noire, bon Dieu ! si quelqu'un voyait la tulipe noire, on la volerait !...

— Oh !

— Ne m'avez-vous pas dit vous-même ce que vous craignez à l'endroit de votre amoureux Jacob ; on vole bien un florin, pourquoi n'en volerait-on pas cent mille ?

— Je veillerai, allez, soyez tranquille.

— Si pendant que vous êtes ici elle allait s'ouvrir ?

— La capricieuse en est bien capable, dit Rosa.

— Si vous la trouviez ouverte en rentrant ?

— Eh bien ?

— Ah ! Rosa, du moment où elle sera ouverte, rappelez-vous qu'il n'y aura pas un moment à perdre pour prévenir le président.

— Et vous prévenir, vous. Oui, je comprends.

Rosa soupira, mais sans amertume et en femme qui commence à comprendre une faiblesse, sinon à s'y habituer.

— Je retourne auprès de la tulipe, monsieur van Baërle, et aussitôt ouverte, vous êtes prévenu; aussitôt vous prévenu, le messager part.

— Rosa, Rosa, je ne sais plus à quelle merveille du ciel ou de la terre vous comparer.

— Comparez-moi à la tulipe noire, monsieur Cornélius, et je serai bien flattée, je vous jure; disons-nous donc au revoir, monsieur Cornélius.

— Oh! dites : au revoir, mon ami.

— Au revoir, mon ami, dit Rosa un peu consolée.

— Dites : mon ami bien-aimé.

— Oh ! mon ami...

— Bien-aimé, Rosa, je vous en supplie, bien-aimé, bien-aimé, n'est-ce pas ?

— Bien-aimé, oui bien-aimé, fit Rosa palpitante, énivrée, folle de joie.

— Alors, Rosa, puisque vous avez dit bien-aimé, dites aussi bien heureux, dites heureux comme jamais homme n'a été heureux et béni sous le ciel. Il ne me manque qu'une chose, Rosa.

— Laquelle ?

— Votre joue, votre joue fraîche, votre joue rose, votre joue veloutée. Oh! Rosa, de votre volonté, non plus par surprise, non plus par accident, Rosa. Ah!

Le prisonnier acheva sa prière dans un soupir; il venait de rencontrer les lèvres de la jeune fille, non plus par accident, non plus par surprise, comme cent ans plus tard, Saint-Preux devait rencontrer les lèvres de Julie.

Rosa s'enfuit.

Cornélius resta l'âme suspendue à ses lèvres, le visage collé au guichet.

Cornélius étouffait de joie et de bonheur.

Il ouvrit sa fenêtre et contempla longtemps, avec un cœur gonflé de joie, l'azur sans nuages du ciel, la lune qui argentait le double fleuve, ruisselant par-delà les collines. Il se remplit les poumons d'air généreux et pur, l'esprit de douces idées, l'âme de reconnaissance et d'admiration religieuse.

— Oh ! vous êtes toujours là-haut, mon Dieu ! s'écria-t il, à demi prosterné, les yeux ardemment tendus vers les étoiles, pardonnez-moi d'avoir presque douté de vous ces jours derniers, vous vous cachiez derrière vos nuages, et un instant, j'ai cessé de vous voir, Dieu bon, Dieu éternel, Dieu miséricordieux. Mais aujourd'hui ! mais ce soir, mais cette nuit, oh ! je vous vois tout entier dans le miroir de vos cieux et surtout dans le miroir de mon cœur.

Il était guéri, le pauvre malade, il était libre, le pauvre prisonnier!

Pendant une partie de la nuit Cornélius demeura suspendu aux barreaux de sa fenêtre, l'oreille au guet, concentrant ses cinq sens en un seul ou plutôt en deux seulement, il regardait et écoutait.

Il regardait le ciel, il écoutait la terre.

Puis, l'œil tourné de temps en temps vers le corridor :

— Là-bas, disait-il, est Rosa, Rosa qui veille comme moi, comme moi attendant de minute en minute. Là-bas sous les yeux de Rosa, est la fleur mystérieuse, qui vit, qui s'entr'ouvre, qui s'ouvre ; peut-être en ce moment Rosa tient-elle la tige de la tulipe entre ses doigts délicats et tiédis. Touche cette tige doucement, Rosa. Peut-être touche-t-elle de ses lèvres son calice entr'ouvert ; effleure-le avec précaution, Rosa. Rosa, tes lèvres brûlent, peut-être en ce moment mes deux amours se caressent-ils sous le regard de Dieu.

En ce moment, une étoile s'enflamma au midi, traversa tout l'espace qui séparait l'horizon de la forteresse et vint s'abattre sur Lœwestein.

Cornélius tressaillit.

— Ah ! dit-il, voilà Dieu qui envoie une âme à ma fleur.

Et comme s'il eût deviné juste, presque au même moment, le prisonnier entendit dans le corridor des pas légers, comme ceux d'une sylphide, le froissement d'une robe qui semblait un battement d'ailes et une voix bien connue qui disait :

— Cornélius, mon ami, mon ami bien-aimé et bien heureux, venez, venez vite.

Cornélius ne fit qu'un bond, de la croisée au guichet, cette fois encore ses lèvres rencontrèrent les lèvres murmurantes de Rosa, qui lui dit dans un baiser :

— Elle est ouverte, elle est noire, la voilà.

— Comment, la voilà ! s'écria Cornélius détachant ses lèvres des lèvres de la jeune fille.

— Oui, oui, il faut bien risquer un petit danger pour donner une grande joie, la voilà, tenez.

Et, d'une main, elle leva à la hauteur du guichet, une petite lanterne sourde, qu'elle venait de faire lumineuse, tandis qu'à la même hauteur, elle levait de l'autre, la miraculeuse tulipe.

Cornélius jeta un cri et pensa s'évanouir.

— Oh! murmura-t-il, mon Dieu! mon Dieu! vous me récompensez de mon innocence et de ma captivité, puisque vous avez fait pousser ces deux fleurs au guichet de ma prison.

— Embrassez-là, dit Rosa, comme je l'ai embrassée tout-à-l'heure.

Cornélius, retenant son haleine, toucha du bout des lèvres la pointe de la fleur, et jamais baiser, donné aux lèvres d'une femme, fût-ce aux lèvres de Rosa, ne lui entra si profondément dans le cœur.

La tulipe était belle, splendide, magnifique, sa tige avait plus de dix-huit pouces de hauteur, elle s'élançait du sein de quatre feuilles vertes, lisses, droites comme des fers de lance, sa fleur tout entière était noire et brillante comme du jais.

— Rosa, dit Cornélius, tout haletant, Rosa, plus un instant à perdre, il faut écrire la lettre.

—Elle est écrite, mon bien-aimé Cornélius, dit Rosa.

— En vérité.

— Pendant que la tulipe s'ouvrait, j'écrivais, moi, car je ne voulais pas qu'un seul instant fût perdu. Voyez la lettre, et dites-moi si vous la trouvez bien.

Cornélius prit la lettre et lut, sur une écriture qui avait encore fait de grands progrès depuis le petit mot qu'il avait reçu de Rosa :

« Monsieur le président,

« La tulipe noire va s'ouvrir dans dix minutes peut-être. Aussitôt ouverte, je vous enverrai un messager pour vous prier de venir vous-même en personne la chercher dans la forteresse de Lœwestein. Je suis la fille du geôlier Gryphus, presque aussi prisonnière que les prisonniers de mon père. Je ne pourrais donc vous porter cette merveille. C'est pourquoi j'ose vous supplier de la venir prendre vous-même.

« Mon désir est qu'elle s'appelle Rosa Barlœnsis.

« Elle vient de s'ouvrir ; elle est parfaitement noire... Venez, monsieur le président, venez.

« J'ai l'honneur d'être votre humble servante.

« Rosa Gryphus. »

— C'est cela, c'est cela, chère Rosa; cette lettre est à merveille. Je ne l'eusse point écrite avec cette simplicité. Au congrès vous donnerez tous les renseignements qui vous seront demandés. On saura comment la tulipe a été créée, à combien de soins, de veilles, de craintes elle a donné lieu ; mais, pour le moment, Rosa, pas un instant à perdre... Le messager ! le messager !

— Comment s'appelle le président ?

— Donnez, que je mette l'adresse. Oh ! il est bien connu. C'est mynheer van Herisen, le bourguemestre de Harlem... Donnez, Rosa, donnez.

Et d'une main tremblante, Cornélius écrivit sur la lettre :

« A mynheer Peters van Herisen, bour-
« guemestre et président de la Société
« horticole de Harlem. »

— Et maintenant, allez, Rosa, allez, dit Cornélius ; et mettons-nous sous la garde de Dieu, qui jusqu'ici nous a si bien gardés.

II

II

L'envieux.

En effet, les pauvres jeunes gens avaient grand besoin d'être gardés par la protection directe du Seigneur.

Jamais ils n'avaient été si près du désespoir que dans ce moment même où ils croyaient être certains de leur bonheur.

Nous ne douterons point de l'intelligence de notre lecteur à ce point de douter qu'il n'ait reconnu dans Jacob notre ancien ami, ou plutôt notre ancien ennemi, Isaac Boxtel.

Le lecteur a donc deviné que Boxtel avait suivi du Buytenhoff à Lœwestein l'objet de son amour et l'objet de sa haine :

La tulipe noire et Cornélius van Baërle.

Ce que tout autre qu'un tulipier et qu'un tulipier envieux n'eût jamais pu découvrir, c'est-à-dire l'existence des caïeux et les ambitions du prisonnier, l'envie l'avait fait, sinon découvrir, du moins deviner à Boxtel.

Nous l'avons vu, plus heureux sous le nom de Jacob que sous le nom d'Isaac, faire amitié avec Gryphus, dont il arrosa la reconnaissance et l'hospitalité pendant quelques mois, avec le meilleur genièvre que l'on eût jamais fabriqué du Texel à Anvers.

Il endormit ses défiances; car, nous l'avons vu, le vieux Gryphus était défiant; il endormit ses défiances, disons-nous, en le flattant d'une alliance avec Rosa.

Il caressa en outre ses instincts de geôlier, après avoir flatté son orgueil de père.

Il caressa ses instincts de geôlier en lui peignant sous les plus sombres couleurs le savant prisonnier que Gryphus tenait sous ses verroux, et qui, au dire du faux Jacob, avait passé un pacte avec Satan pour nuire à Son Altesse le prince d'Orange.

Il avait d'abord aussi bien réussi près de Rosa, non pas en lui inspirant des sentiments sympathiques, Rosa avait toujours fort peu aimé mynheer Jacob, mais en lui parlant mariage et passion folle, il avait d'abord éteint tous les soupçons qu'elle eût pu avoir.

Nous avons vu comment son imprudence à suivre Rosa dans le jardin l'avait dénoncé aux yeux de la jeune fille et comment les craintes instinctives de Cornélius avaient mis les deux jeunes gens en garde contre lui.

Ce qui avait surtout inspiré des inquiétudes au prisonnier, notre lecteur doit se rappeler cela, c'est cette grande colère dans laquelle Jacob était entré contre Gryphus, à propos du caïeu écrasé.

En ce moment, cette rage était d'autant plus grande, que Boxtel soupçonnait bien Cornélius d'avoir un second caïeu, mais n'en était rien moins que sûr.

Ce fut alors qu'il épia Rosa et la suivit

non-seulement au jardin mais encore dans les corridors.

Seulement, comme cette fois il la suivait dans la nuit et nu pieds, il ne fut ni vu, ni entendu.

Excepté cette fois où Rosa crut avoir vu passer quelque chose comme une ombre dans l'escalier.

Mais il était déjà trop tard, Boxtel avait appris, de la bouche même du prisonnier, l'existence du second caïeu.

Dupe de la ruse de Rosa, qui avait fait semblant de l'enfouir dans la plate-bande, et ne doutant pas que cette petite comédie n'eût été jouée pour le forcer à se trahir, il redoubla de précautions et mit en jeu toutes les ruses de son esprit pour continuer à épier les autres sans être épié lui-même.

Il vit Rosa transporter un grand pot de faïence de la cuisine de son père dans sa chambre.

Il vit Rosa laver, à grande eau, ses belles mains pleines de la terre qu'elle avait pétrie pour préparer à la tulipe le meilleur lit possible.

Enfin, il loua, dans un grenier, une petite chambre juste en face de la fenêtre de Rosa; assez éloignée pour qu'on ne pût pas le reconnaître à l'œil nu, mais assez proche pour qu'à l'aide de son télescope il pût suivre tout ce qui se passait à Lœwestein dans la chambre de la jeune fille.

Comme il avait suivi à Dordrecht tout ce qui se passait dans le séchoir de Cornélius.

Il n'était pas installé depuis trois jours dans son grenier, qu'il n'avait plus aucun doute.

Dès le matin au soleil levant, le pot de faïence était sur la fenêtre, et pareille à ces charmantes femmes de Mieris et de Metzu, Rosa apparaissait à cette fenêtre encadrée par les premiers rameaux verdissants de la vigne vierge et du chèvrefeuille.

Rosa regardait le pot de faïence d'un œil qui dénonçait à Boxtel la valeur réelle de l'objet renfermé dans le pot.

Ce que renfermait le pot, c'était donc le deuxième caïeu, c'est-à-dire la suprême espérance du prisonnier.

Lorsque les nuits menaçaient d'être trop froides, Rosa rentrait le pot de faïence.

C'était bien cela, elle suivait les instructions de Cornélius, qui craignait que le caïeu ne fut gelé.

Quand le soleil devint plus chaud, Rosa rentrait le pot de faïence depuis onze heures du matin jusqu'à deux heures de l'après-midi.

C'était bien cela encore, Cornélius craignait que la terre ne fût desséchée.

Mais quand la lance de la fleur sortit de terre, Boxtel fut convaincu tout-à-fait, elle n'était pas haute d'un pouce que, grâce à son télescope, l'envieux n'avait plus de doutes.

Cornélius possédait des caïeux, et le second caïeu était confié à l'amour et aux soins de Rosa.

Car on le pense bien, l'amour des deux jeunes gens n'avait point échappé à Boxtel.

C'était donc ce second caïeu qu'il fallait trouver moyen d'enlever aux soins de Rosa et à l'amour de Cornélius.

Seulement, ce n'était pas chose facile.

Rosa veillait sa tulipe, comme une mère veillerait son enfant; mieux que cela, comme une colombe couve ses œufs.

Rosa ne quittait pas la chambre de la journée; il y avait plus, chose étrange, Rosa ne quittait plus sa chambre le soir.

Pendant sept jours Boxtel épia inutilement Rosa, Rosa ne sortit point de sa chambre.

C'était pendant les sept jours de brouille qui rendirent Cornélius si malheureux, en lui enlevant à la fois toute nouvelle de Rosa et de sa tulipe.

Rosa allait-elle bouder éternellement Cornélius? Cela eût rendu le vol bien autrement difficile que ne l'avait cru d'abord mynheer Isaac.

Nous disons le vol, car Isaac s'était tout simplement arrêté à ce projet de voler la tulipe ; et, comme elle poussait dans le plus profond mystère, comme les deux jeunes gens cachaient son existence à tout le monde, comme on le croirait plutôt, lui, tulipier reconnu, qu'une jeune fille étrangère à tous les détails de l'horticulture ou qu'un prisonnier condamné pour crime de haute trahison, gardé, surveillé, épié, et qui réclamerait mal du fond de son cachot ; d'ailleurs, comme il serait possesseur de la tulipe et qu'en fait de meubles et autres objets transportables, la possession fait foi de la propriété, il obtiendrait bien certainement le prix, serait bien certainement couronné en place de Cornélius, et la tulipe, au lieu de s'appeler *tulipa negra Barlœnsis*, s'appellerait *Tulipa negra Boxtellensis* ou *Boxtellea*.

Mynheer Isaac n'était point encore fixé sur celui de ces deux noms qu'il donnerait à la tulipe noire; mais comme tous deux signifiaient la même chose, ce n'était point là le point important.

Le point important, c'était de voler la tulipe.

Mais, pour que Boxtel pût voler la tulipe, il fallait que Rosa sortît de sa chambre.

Aussi, fût-ce avec une véritable joie que Jacob ou Isaac, comme on voudra, vit reprendre les rendez-vous accoutumés du soir.

Il commença par profiter de l'absence de Rosa pour étudier sa porte.

La porte se fermait bien et à double tour, au moyen d'une serrure simple, mais dont Rosa seule avait la clef.

Boxtel eut l'idée de voler la clef de Rosa, mais outre que ce n'était pas chose facile que de fouiller dans la poche de la jeune fille, Rosa s'apercevant qu'elle avait perdu sa clef faisait changer la serrure, ne sortait pas de sa chambre que la serrure ne fût changée, et Boxtel avait commis un crime inutile.

Mieux valait donc employer un autre moyen.

Boxtel réunit toutes les clefs qu'il put trouver, et pendant que Rosa et Cornélius passaient au guichet une de leurs heures fortunées, il les essaya toutes.

Deux entrèrent dans la serrure, une des deux fit le premier tour et ne s'arrêta qu'au second.

Il n'y avait donc que peu de chose à faire à cette clef.

Boxtel l'enduisit d'une légère couche de cire et renouvela l'expérience.

L'obstacle que la clef avait rencontré au second tour avait laissé son empreinte sur la cire.

Boxtel n'eut qu'à suivre cette empreinte avec le mordant d'une lime à la lame étroite comme celle d'un couteau.

Avec deux autres jours de travail, Boxtel mena sa clef à la perfection.

La porte de Rosa s'ouvrit sans bruit, sans efforts, et Boxtel se trouva dans la chambre de la jeune fille, seul à seul avec la tulipe.

La première action condamnable de Boxtel avait été de passer par-dessus un mur, pour déterrer la tulipe; la seconde avait été de pénétrer dans le séchoir de Cornélius, par une fenêtre ouverte; la troisième de s'introduire dans la chambre de Rosa avec une fausse clef.

On le voit, l'envie faisait faire à Boxtel des pas rapides dans la carrière du crime.

Boxtel se trouva donc seul à seul avec la tulipe.

Un voleur ordinaire eût mis le pot sous son bras et l'eût emporté.

Mais Boxtel n'était point un voleur ordinaire, et il réfléchit.

Il réfléchit en regardant la tulipe, à l'aide de sa lanterne sourde, qu'elle n'était pas encore assez avancée pour lui donner la certitude qu'elle fleurirait noire, quoique les apparences offrissent toutes probabilités.

Il réfléchit que si elle ne fleurissait pas noire, ou que, si elle fleurissait avec une tache quelconque, il aurait fait un vol inutile.

Il réfléchit que le bruit de ce vol se répendrait, que l'on soupçonnerait le voleur, d'après ce qui s'était passé dans le jardin, que l'on ferait des recherches, et que, si bien qu'il cachât la tulipe, il était possible de la retrouver.

Il réfléchit que, cachât-il la tulipe de

façon à ce qu'elle ne fût pas retrouvée, il pourrait, dans tous les transports qu'elle serait obligée de subir, lui arriver malheur.

Il réfléchit enfin que mieux valait, puisqu'il avait une clef de la chambre de Rosa et pouvait y entrer quand il voulait, il réfléchit qu'il valait mieux attendre la floraison, la prendre une heure avant qu'elle s'ouvrît, ou une heure après qu'elle serait ouverte, et partir à l'instant même sans retard pour Harlem, où, avant qu'on eût même réclamé, la tulipe serait devant les juges.

Alors, ce serait celui ou celle qui réclamerait que Boxtel accuserait de vol.

C'était un plan bien conçu et digne en tout point de celui qui le concevait.

Ainsi tous les soirs, pendant cette douce heure que les jeunes gens passaient au guichet de la prison, Boxtel entrait dans la chambre de la jeune fille, non pas pour violer le sanctuaire de virginité, mais pour suivre les progrès que faisait la tulipe noire dans sa floraison.

Le soir où nous sommes arrivés il allait entrer comme les autres soirs; mais, nous l'avons vu, les jeunes gens n'avaient échangé que quelques paroles, et Cornélius avait renvoyé Rosa pour veiller sur la tulipe.

En voyant Rosa entrer dans sa chambre, dix minutes après en être sortie, Boxtel comprit que la tulipe avait fleuri ou allait fleurir.

C'était donc pendant cette nuit-là que la grande partie allait se jouer ; aussi Boxtel se présenta-t-il chez Gryphus avec une provision de genièvre double de coutume.

C'est-à-dire avec une bouteille dans chaque poche.

Gryphus gris, Boxtel était maître de la maison à peu près.

A onze heures, Gryphus était ivre mort.

A deux heures du matin, Boxtel vit sortir Rosa de sa chambre, mais visiblement elle tenait dans ses bras un objet qu'elle portait avec précaution.

Cet objet, c'était sans aucun doute la tulipe noire qui venait de fleurir.

Mais, qu'allait elle en faire?

Allait-elle à l'instant même partir pour Harlem avec elle?

Il n'était pas possible qu'une jeune fille entreprît seule, la nuit, un pareil voyage.

Allait-elle seulement montrer la tulipe à Cornélius, c'était probable.

Il suivit Rosa pieds nus et sur la pointe du pied.

Il la vit s'approcher du guichet.

Il l'entendit appeler Cornélius.

A la lueur de la lanterne sourde, il vit la tulipe ouverte, noire comme la nuit dans laquelle il était caché.

Il entendit tout le projet arrêté entre Cornélius et Rosa d'envoyer un messager à Harlem.

Il vit les lèvres des deux jeunes gens se toucher, puis il entendit Cornélius renvoyer Rosa.

Il vit Rosa éteindre la lanterne sourde et reprendre le chemin de sa chambre.

Il la vit rentrer dans sa chambre.

Puis il la vit, dix minutes après, sortir de sa chambre et en fermer avec soin la porte à double clef.

Pourquoi fermait-elle cette porte avec tant de soin, c'est que derrière cette porte elle enfermait la tulipe noire.

Boxtel, qui voyait tout cela caché sur le palier de l'étage supérieur à la chambre de Rosa, descendit une marche de son étage à lui, lorsque Rosa descendait une marche du sien.

De sorte que, lorsque Rosa touchait la dernière marche de l'escalier, de son pied léger Boxtel, d'une main plus légère encore, touchait la serrure de la chambre de Rosa avec sa main.

Et dans cette main, on doit le comprendre, était la fausse clef qui ouvrait la porte de Rosa, ni plus ni moins facilement que la vraie.

Voilà pourquoi nous avons dit au commencement de ce chapitre que les pauvres jeunes gens avaient bien besoin d'être gardés par la protection directe du Seigneur.

III

III

Où la tulipe noire change de maître.

Cornélius était resté à l'endroit où l'avait laissé Rosa, cherchant presque inutilement en lui la force de porter le double fardeau de son bonheur.

Une demi-heure s'écoula.

Déjà les premiers rayons du jour entraient, bleuâtres et frais, à travers les barreaux de la fenêtre dans la prison de Cornélius, lorsqu'il tressaillit tout à coup à des pas qui montaient l'escalier et à des cris qui se rapprochaient de lui.

Presqu'au même moment, son visage se trouva en face du visage pâle et décomposé de Rosa.

Il recula pâlissant lui-même d'effroi.

— Cornélius! Cornélius! s'écria celle-ci haletante.

— Quoi donc? mon Dieu! demanda le prisonnier.

— Cornélius, la tulipe...

— Eh bien !

— Comment vous dire cela ?

— Dites, dites, Rosa.

— On nous l'a prise, on nous l'a volée.

— On nous l'a prise, on nous l'a volée ! s'écria Cornélius.

— Oui, dit Rosa en s'appuyant contre la porte pour ne pas tomber, Oui, prise, volée.

Et, malgré elle, les jambes lui manquant, elle glissa et tomba sur ses genoux.

— Mais comment cela? demanda Cornélius, Dites-moi, expliquez-moi...

— Oh! il n'y a pas de ma faute, mon ami.

Pauvre Rosa! elle n'osait plus dire: Mon bien-aimé.

— Vous l'avez laissée seule, dit Cornélius avec un accent lamentable.

— Un seul instant, pour aller prévenir

notre messager qui demeure à cinquante pas à peine, sur le bord du Wahal.

— Et pendant ce temps, malgré mes recommandations, vous avez laissé la clef à la porte, malheureuse enfant!

— Non, non, non, et voilà ce qui me passe; la clef ne m'a point quittée, je l'ai constamment tenue dans ma main, la serrant comme si j'eusse eu peur qu'elle ne m'échappât.

—Mais, alors, comment cela se fait-il?

— Le sais-je, moi-même ; j'avais donné la lettre à mon messager; mon messager était parti devant moi ; je rentre, la porte était fermée, chaque chose était à sa place dans ma chambre, excepté la tulipe qui avait disparu. Il faut que quelqu'un se soit procuré une clef de ma chambre, ou en ait fait faire une fausse.

Elle suffoqua, les larmes lui coupaient la parole.

Cornélius, immobile, les traits altérés, écoutait presque sans comprendre, murmurant seulement :

— Volée, volée, volée ! je suis perdu.

— Oh ! monsieur Cornélius, grâce ! grâce ! criait Rosa, j'en mourrai.

A cette menace de Rosa, Cornélius saisit les grilles du guichet, et les étreignant avec fureur :

— Rosa, s'écria-t-il, on nous a volé, c'est vrai, mais faut-il nous laisser abattre pour cela? Non, le malheur est grand, mais réparable peut-être, Rosa ; nous connaissons le voleur.

— Hélas! comment voulez-vous que je vous dise positivement?

— Oh! je vous le dis, moi, c'est cet infâme Jacob. Le laisserons-nous porter à Harlem le fruit de nos travaux, le fruit de nos veilles, l'enfant de notre amour. Rosa, il faut le poursuivre, il faut le rejoindre.

— Mais comment faire tout cela, mon ami, sans découvrir à mon père que nous étions d'intelligence? Comment moi, une femme si peu libre, si peu habile, comment parviendrai-je à ce but, que vous-même n'atteindriez peut-être pas?

— Rosa, Rosa, ouvrez-moi cette porte, et vous verrez si je ne l'atteins pas. Vous verrez si je ne découvre pas le voleur, vous verrez si je ne lui fais pas avouer son crime. Vous verrez si je ne lui fais pas crier grâce!

— Hélas! dit Rosa éclatant en sanglots,

puis-je vous ouvrir? Ai-je les clefs sur moi? Si je les avais, ne seriez-vous pas libre depuis longtemps?

— Votre père les a, votre infâme père, le bourreau qui m'a déjà écrasé le premier caïeu de ma tulipe. Oh! le misérable, le misérable! il est complice de Jacob.

— Plus bas, plus bas, au nom du ciel.

— Oh! si vous ne m'ouvrez pas, Rosa, s'écria Cornélius au paroxysme de la rage, j'enfonce ce grillage et je massacre tout ce que je trouve dans la prison.

— Mon ami, par pitié!

— Je vous dis, Rosa, que je vais démolir le cachot pierre à pierre.

Et l'infortuné, de ses deux mains, dont la colère déculpait les forces, ébranlait la porte à grand bruit, peu soucieux des éclats de sa voix qui s'en allait tonner au fond de la spirale sonore de l'escalier.

Rosa, épouvantée, essayait bien inutilement de calmer cette furieuse tempête.

— Je vous dis que je tuerai l'infâme Gryphus, hurlait van Baërle ; je vous dis que je verserai son sang, comme il m'a versé celui de ma tulipe noire.

Le malheureux commençait à devenir fou.

— Eh bien! oui, disait Rosa palpitante, oui, oui, mais calmez-vous, oui, je lui prendrai ses clefs, oui, je vous ouvrirai, oui, mais calmez-vous, mon Cornélius.

Elle n'acheva point, un hurlement poussé devant elle interrompit sa phrase.

— Mon père s'écria Rosa.

— Gryphus, rugit van Baërle, ah! scélérat!

Le vieux Gryphus, au milieu de tout

ce bruit, était monté sans que l'on pût l'entendre.

Il saisit rudement sa fille par le poignet.

— Ah! vous me prendrez mes clefs, dit-il d'une voix étouffée par la colère. Ah! cet infâme! ce monstre! ce conspirateur à pendre est votre Cornélius. Ah! l'on a des connivences avec les prisonniers d'Etat. C'est bon.

Rosa frappa dans ses deux mains avec désespoir.

— Oh! continua Gryphus, passant de l'accent fiévreux de la colère à la froide ironie du vainqueur, ah ! Monsieur l'innocent tulipier, ah ! Monsieur le doux savant, ah ! vous me massacrerez, ah ! vous boirez mon sang ! Très bien ! rien que cela ! Et de complicité avec ma fille ! Jésus ! mais je suis donc dans un antre de brigands, je suis donc dans une caverne de voleurs ! Ah ! Monsieur le gouverneur saura tout ce matin, et S. A. le stathouder saura tout demain. Nous connaissons la loi : Quiconque se rebellera dans la prison, article 6. Nous allons vous donner une seconde édition du Buytenhoff, Monsieur le savant, et la bonne édition celle-là. Oui, oui, rongez vos poings comme un ours en cage, et vous, la belle, mangez des yeux votre Cornélius. Je vous avertis, mes agneaux, que vous n'aurez plus cette félicité de conspirer ensemble. Çà, qu'on descende, fille dénaturée. Et vous, Monsieur le savant, au revoir ; soyez tranquille, au revoir !

Rosa, folle de terreur et de désespoir, envoya un baiser à son ami ; puis, sans doute illuminée d'une pensée soudaine, elle se lança dans l'escalier en disant :

— Tout n'est pas perdu encore, compte sur moi, mon Cornélius.

Son père la suivit en hurlant.

Quant au pauvre tulipier, il lâcha peu à peu les grilles que retenaient ses doigts convulsifs; sa tête s'alourdit, ses yeux oscillèrent dans leurs orbites, et il tomba lourdement sur le carreau de sa chambre en murmurant :

— Volée! on me l'a volée!

— Pendant ce temps, Boxtel sorti du château par la porte qu'avait ouverte Rosa elle même, Boxtel, la tulipe noire enveloppée dans un large manteau, Boxtel s'était jeté dans une carriole qui l'attendait à Gorcum et disparaissait, sans avoir, on le pense bien, averti l'ami Gryphus de son départ précipité.

Et maintenant que nous l'avons vu monter dans sa carriole, nous le suivrons, si le lecteur y consent, jusqu'au terme de son voyage.

Il marchait doucement, on ne fait pas impunément courir la poste à une tulipe noire.

Mais Boxtel, craignant de ne pas arriver assez tôt, fit fabriquer à Delft une boite garnie tout autour de belle mousse fraîche, dans laquelle il encaissa sa tulipe ; la fleur s'y trouvait si mollement accoudée de tous les côtés avec de l'air par en haut, que la carriole put prendre le galop, sans préjudice possible.

— Il arriva le lendemain matin à Harlem, harassé, mais triomphant, changea sa tulipe de pot, afin de faire disparaître toute trace de vol, brisa le pot de faïence dont il jeta les tessons dans un canal, écrivit au président de la société horticole une lettre dans laquelle il lui annonçait qu'il venait d'arriver à Harlem avec une tulipe parfaitement noire, s'installa dans une bonne hôtellerie avec sa fleur intacte.

Et là attendit.

IV

IV

Le président van Systens.

Rosa, en quittant Cornélius, avait pris son parti.

C'était de lui rendre la tulipe que venait de lui voler Jacob, ou de ne jamais le revoir.

Elle avait vu le désespoir du pauvre prisonnier, double et incurable désespoir.

En effet, d'un côté, c'était une séparation inévitable, Gryphus ayant à la fois surpris le secret de leur amour et de leurs rendez-vous.

De l'autre, c'était le renversement de toutes les espérances d'ambition de Cornélius van Baërle; et ces espérances, il les nourrissait depuis sept ans.

Rosa était une de ces femmes qui s'abattent d'un rien, mais qui, pleines de forces contre un malheur suprême, trouvent dans le malheur même l'énergie qui peut le combattre, ou la ressource qui peut le réparer.

La jeune fille rentra chez elle, jeta un dernier regard dans sa chambre, pour voir si elle ne s'était pas trompée, et si la tulipe n'était point dans quelque coin où elle eût échappé à ses regards. Mais Rosa chercha vainement, la tulipe était toujours absente, la tulipe était toujours volée.

Rosa fit un petit paquet des hardes qui lui étaient nécessaires, elle prit ses trois cents florins d'épargne, c'est-à-dire toute sa fortune, fouilla sous ses dentelles où était enfoui le troisième caïeu, le cacha précieusement dans sa poitrine, ferma sa porte à double tour pour retarder de tout le temps qu'il faudrait pour l'ouvrir, le moment où sa fuite serait connue, descendit l'escalier, sortit de la prison par la porte qui, une heure auparavant, avait donné passage à Boxtel, se rendit chez un loueur de chevaux et demanda à louer une carriole.

Le loueur de chevaux n'avait qu'une carriole, c'était justement celle que Boxtel lui avait louée depuis la veille et avec laquelle il courait sur la route de Delft.

Nous disons sur la route de Delft, car il fallait faire un énorme détour pour aller de Lœwestein à Harlem ; à vol d'oiseau la distance n'eût pas été de moitié.

Mais il n'y a que les oiseaux qui puissent voyager à vol d'oiseau en Hollande, le pays le plus coupé de fleuves, de ruisseaux, de rivières, de canaux et de lacs qu'il y ait au monde.

Force fut donc à Rosa de prendre un cheval, qui lui fut confié facilement : le loueur de chevaux connaissant Rosa pour la fille du concierge de la forteresse.

Rosa avait un espoir, c'était de rejoindre son messager, bon et brave garçon qu'elle emmènerait avec elle et qui lui servirait à la fois de guide et de soutien.

En effet, elle n'avait point fait une lieue

qu'elle l'aperçut allongeant le pas sur l'un des bas côtés d'une charmante route qui côtoyait la rivière.

Elle mit son cheval au trot et le rejoignit.

Le brave garçon ignorait l'importance de son message, et cependant allait aussi bon train que s'il l'eût connue. En moins d'une heure il avait déjà fait une lieue et demie.

Rosa lui reprit le billet devenu inutile et lui exposa le besoin qu'elle avait de lui. Le batelier se mit à sa disposition, promettant d'aller aussi vite que le cheval, pourvu que Rosa lui permît d'appuyer la main soit sur sa croupe, soit sur son garrot.

La jeune fille lui permit d'appuyer la main partout où il voudrait, pourvu qu'il ne la retardât point.

Les deux voyageurs étaient déjà partis depuis cinq heures et avaient déjà fait plus de huit lieues, que le père Gryphus ne se doutait point encore que la jeune fille ût quitté la forteresse.

Le geôlier d'ailleurs, fort méchant homme au fond, jouissait du plaisir d'avoir inspiré à sa fille une profonde terreur.

Mais tandis qu'il se félicitait d'avoir à conter une si belle histoire au compagnon

Jacob, Jacob était aussi sur la route de Delft.

Seulement, grâce à sa carriole, il avait déjà quatre lieues d'avance sur Rosa et sur le batelier.

Tandis qu'il se figurait Rosa tremblant ou boudant dans sa chambre, Rosa gagnait du terrain.

Personne, excepté le prisonnier, n'était donc où Gryphus croyait que chacun était.

Rosa paraissait si peu chez son père depuis qu'elle soignait la tulipe, que ce ne fut qu'à l'heure du dîner, c'est-à-dire à midi, que Gryphus s'aperçut qu'au compte de son appétit, sa fille boudait depuis trop longtemps.

Il la fit appeler par un de ses porte-clefs ; puis, comme celui-ci descendit en annonçant qu'il l'avait cherchée et appelée en vain, il résolut de la chercher et de l'appeler lui-même.

Il commença par aller droit à sa chambre ; mais il eut beau frapper, Rosa ne répondit point.

On fit venir le serrurirer de la forteresse ; le serrurier ouvrit la porte, mais

Gryphus ne trouva pas plus Rosa que Rosa n'avait trouvé la tulipe.

Rosa, en ce moment, venait d'entrer à Rotterdam.

Ce qui fait que Gryphus ne la trouva pas plus à la cuisine que dans sa chambre, pas plus au jardin que dans la cuisine.

Qu'on juge de la colère du geôlier, lorsqu'ayant battu les environs il apprit que sa fille avait loué un cheval, et, comme Bradamante ou Clorinde, était partie en véritable chercheuse d'aventures, sans dire où elle allait.

Gryphus remonta furieux chez van

Baërle, l'injuria, le menaça, secoua tout son pauvre mobilier, lui promit le cachot, lui promit le cul de basse-fosse, lui promit la faim et les verges.

Cornélius, sans même écouter ce que disait le geôlier, se laissa maltraiter, injurier, menacer, demeurant morne, immobile, anéanti, insensible à toute émotion, mort à toute crainte.

Après avoir cherché Rosa de tous les côtés, Gryphus chercha Jacob, et comme il ne le trouva pas plus qu'il n'avait retrouvé sa fille, soupçonna dès ce moment Jacob de l'avoir enlevée.

Cependant la jeune fille, après avoir fait

une halte de deux heures à Rotterdam, s'était remise en route. Le soir même elle couchait à Delft, et le lendemain elle arrivait à Harlem, quatre heures après que Boxtel y était arrivé lui-même.

Rosa se fit conduire tout d'abord chez le président de la Société horticole, maître van Systens.

Elle trouva le digne citoyen dans une situation que nous ne saurions omettre de dépeindre, sans manquer à tous nos devoirs de peintre et d'historien.

Le président rédigeait un rapport au comité de la Société.

Ce rapport était sur grand papier et de la plus belle écriture du président.

Rosa se fit annoncer sous son simple nom de Rosa Gryphus ; mais ce nom, si sonore qu'il fût, était inconnu du président, car Rosa fut refusée. Il est difficile de forcer les consignes en Hollande, pays des digues et des écluses.

Mais Rosa ne se rebuta point, elle s'était imposé une mission et s'était juré à elle-même de ne se laisser abattre ni par les rebuffades, ni par les brutalités, ni par les injures.

— Annoncez à M. le président, dit-elle,

que je viens lui parler pour la tulipe noire.

Ces mots, non moins magiques que le fameux : *Sezane, ouvre-toi*, des Mille et Une Nuits, lui servirent de *passe porte*. Grâce à ces mots, elle pénétra jusque dans le bureau du président van Systens, qu'elle trouva galamment en chemin pour venir à sa rencontre.

C'était un bon petit homme au corps grêle, représentant assez exactement la tige d'une fleur, dont la tête formait le calice ; deux bras vagues et pendants simulaient la double feuille oblongue de la tulipe ; un certain balancement qui lui était habituel complétait sa ressemblance avec cette fleur lorsqu'elle s'incline sous le souffle du vent.

Nous avons dit qu'il s'appelait M. van Systens.

— Mademoiselle, s'écria-t-il, vous venez, dites-vous, de la part de la tulipe noire ?

Pour M. le président de la Société horticole, la *Tulipa negra* était une puissance de premier ordre, qui pouvait bien, en sa qualité de reine des tulipes, envoyer des ambassadeurs.

— Oui, Monsieur, répondit Rosa, je

viens du moins pour vous parler d'elle.

— Elle se porte bien? fit van Systens avec un sourire de tendre vénération.

— Hélas! Monsieur, je ne sais, dit Rosa.

— Comment! lui serait-il donc arrivé quelque malheur?

— Un bien grand, oui, monsieur, non pas à elle, mais à moi.

— Lequel?

— On me l'a volée.

— On vous a volé la tulipe noire ?

— Oui, Monsieur.

— Savez-vous qui ?

— Oh ! je m'en doute, mais je n'ose encore accuser.

— Mais la chose sera facile à vérifier.

— Comment cela ?

— Depuis qu'on vous l'a volée, le voleur ne saurait être loin.

— Pourquoi ne peut-il être loin ?

— Mais parce que je l'ai vue il n'y a pas deux heures.

— Vous avez vu la tulipe noire? s'écria Rosa en se précipitant vers M. van Systens.

— Comme je vous vois, Mademoiselle.

— Mais où cela?

— Chez votre maître, apparemment.

— Chez mon maître?

— Oui. N'êtes-vous pas au service de M. Isaac Boxtel?

— Moi ?

— Sans doute, vous.

— Mais pour qui donc me prenez-vous, Monsieur?

— Mais, pour qui me prenez-vous, vous-même ?

— Monsieur, je vous prends, je l'espère, pour ce que vous êtes, c'est-à-dire pour l'honorable M. van Systens, bourguemestre de Harlem et président de la Société horticole.

— Et vous venez me dire?

— Je viens vous dire, Monsieur, que l'on m'a volé ma tulipe.

— Votre tulipe alors est celle de M. Boxtel. Alors vous vous expliquez mal, mon enfant; ce n'est pas à vous, mais à M. Boxtel qu'on a volé la tulipe.

— Je vous répète, Monsieur, que je ne sais pas ce que c'est que M. Boxtel, et que voilà la première fois que j'entends prononcer ce nom.

— Vous ne savez pas ce que c'est que M. Boxtel, et vous aviez aussi une tulipe noire?

— Mais il y en a donc une autre? demanda Rosa, toute frissonnante.

— Il y a celle de M. Boxtel, oui.

— Comment est-elle?

— Noire, pardieu.

— Sans tache?

— Sans une seule tache, sans le moindre point.

— Et vous avez cette tulipe, elle est déposée ici?

— Non, mais elle y sera déposée, car je dois en faire l'exhibition au comité avant que le prix ne soit décerné.

— Monsieur, s'écria Rosa, ce Boxtel, cet Isaac Boxtel, qui se dit propriétaire de la tulipe noire...

— Et qui l'est en effet.

— Monsieur, n'est-ce point un homme maigre?

— Oui.

— Chauve?

— Oui.

— Ayant l'œil hagard ?

— Je crois que oui.

— Inquiet, voûté, jambes torses ?

— En vérité, vous faites le portrait trait pour trait de M. Boxtel.

— Monsieur, la tulipe est-elle dans un pot de faïence bleue et blanche à fleurs jaunâtres qui représentent une corbeille sur trois faces du pot.

— Ah ! quant à cela, j'en suis moins sûr, j'ai plus regardé l'homme que le pot.

— Monsieur, c'est ma tulipe, c'est celle qui m'a été volée ; Monsieur, c'est mon bien ; Monsieur, je viens le réclamer ici devant vous, à vous.

— Oh ! oh ! fit M. van Systens en regardant Rosa. Quoi ! vous venez réclamer ici la tulipe de M. Boxtel. Tudieu, vous êtes une hardie commère.

— Monsieur, dit Rosa un peu troublée de cette apostrophe, je ne dis pas que je vienne réclamer la tulipe de M. Boxtel, je dis que je viens réclamer la mienne.

— La vôtre ?

— Oui ; celle que j'ai plantée, élevée moi-même.

— Eh bien, allez trouver M. Boxtel à l'hôtellerie du Cygne-Blanc, vous vous arrangerez avec lui ; quant à moi, comme le procès me paraît aussi difficile à juger que celui qui fut porté devant le feu roi Salomon, et que je n'ai pas la prétention d'avoir sa sagesse, je me contenterai de faire mon rapport, de constater l'existence de la tulipe noire et d'ordonnancer les cent mille florins à son inventeur. Adieu, mon enfant.

— Oh! Monsieur! Monsieur! insista Rosa.

— Seulement, mon enfant, continua van Systens, comme vous êtes jolie, comme vous êtes jeune, comme vous n'êtes pas encore tout à fait pervertie, recevez mon conseil : Soyez prudente en cette affaire, car nous avons un tribunal et une prison à Harlem ; de plus, nous sommes extrêmement chatouilleux sur l'honneur des tulipes. Allez, mon enfant, allez. M. Isaac Boxtel, hôtel du Cygne-Blanc.

Et M. van Systens, reprenant sa belle plume, continua son rapport interrompu.

V

V

Un membre de la société horticole.

Rosa, éperdue, presque folle de joie et de crainte, à l'idée que la tulipe noire était retrouvée, prit le chemin de l'hôtellerie du Cygne-Blanc, suivie toujours de son batelier, robuste enfant de la Frise, capable de dévorer à lui seul dix Boxtel.

Pendant la route, le batelier avait été mis au courant, il ne reculait pas devant la lutte, au cas où la lutte s'engagerait; seulement, ce cas échéant, il avait ordre de ménager la tulipe.

Mais arrivée dans le Groet-Markt, Rosa s'arrêta tout-à-coup, une pensée subite venait de la saisir, semblable à cette Minerve d'Homère, qui saisit Achille par les cheveux, au moment où la colère va l'emporter.

— Mon Dieu! murmura-t-elle, j'ai fait une faute énorme, j'ai perdu peut-être et Cornélius, et la tulipe et moi!

J'ai donné l'éveille, j'ai donné des soupçons. Je ne suis qu'une femme, ces hommes peuvent se liguer contre moi, et alors je suis perdue.

Oh! moi perdue, ce ne serait rien, mais Cornélius, mais la tulipe!

Elle se recueillit un moment.

— Si je vais chez ce Boxtel et que je ne le connaisse pas, si ce Boxtel n'est pas mon Jacob, si c'est un autre amateur qui, lui aussi, a découvert la tulipe noire, ou bien si ma tulipe a été volée par un autre que celui que je soupçonne, ou a déjà passé dans d'autres mains, si je ne reconnais pas l'homme, mais seulement ma tulipe, comment prouver que la tulipe est à moi ?

D'un autre côté, si je reconnais ce Boxtel pour le faux Jacob, qui sait ce qu'il adviendra, tandis que nous contesterons ensemble, la tulipe mourra. Oh! inspirez-moi, sainte Vierge ! il s'agit du sort de ma vie, il s'agit du pauvre prisonnier qui expire peut-être en ce moment.

Cette prière faite, Rosa attendit pieusement l'inspiration qu'elle demandait au ciel.

Cependant un grand bruit bourdonnait à l'extrémité du Groet-Markt. Les gens couraient, les portes s'ouvraient; Rosa, seule, était insensible à tout ce mouvement de la population.

— Il faut, murmura-t-elle, retourner chez le président.

— Retournons, dit le batelier.

Ils prirent la petite rue de la Paille qui les mena droit au logis de M. van Systens, lequel, de sa plus belle écriture et avec sa meilleur plume, continuait de travailler à son rapport.

Partout, sur son passage, Rosa n'entendait parler que de la tulipe noire et du prix de cent mille florins; la nouvelle courait déjà la ville.

Rosa n'eut pas peu de peine à pénétrer de nouveau chez M. van Systens, qui cependant se sentit ému, comme la première fois, au mot magique de la tulipe noire.

Mais quand il reconnut Rosa, dont il avait, dans son esprit, fait une folle, ou pis que cela, la colère le prit et il voulut la renvoyer.

Mais Rosa joignit les mains, et avec cet accent d'honnête vérité, qui pénètre les cœurs :

— Monsieur, dit-elle, au nom du ciel ! ne me repoussez pas ; écoutez, au contraire, ce que je vais vous dire, et si vous ne pouvez me faire rendre justice, du moins vous n'aurez pas à vous reprocher un jour, en face de Dieu, d'avoir été complice d'une mauvaise action.

Van Systens trépignait d'impatience ; c'était la seconde fois que Rosa le dérangeait au milieu d'une rédaction à laquelle il mettait son double amour-propre de bourguemestre et de président de la société horticole.

— Mais mon rapport ! s'écria-t-il, mon rapport sur la tulipe noire !

— Monsieur, continua Rosa avec la fermeté de l'innocence et de la vérité, monsieur, votre rapport sur la tulipe noire reposera, si vous m'écoutez, sur des faits criminels ou sur des faits faux. Je vous en supplie, monsieur, faites venir ici, devant vous et devant moi, ce monsieur Boxtel, que je soutiens, moi, être M. Jacob, et je jure Dieu de lui laisser la propriété de sa tulipe si je ne reconnais pas et la tulipe et son propriétaire.

— Pardieu ! la belle avance, dit van Sistens.

— Que voulez-vous dire ?

— Je vous demande ce que cela prouvera quand vous les aurez reconnus?

— Mais enfin, dit Rosa désespérée, vous êtes honnête homme, monsieur. Eh bien! si non seulement vous alliez donner le prix à un homme pour une œuvre qu'il n'a pas faite, mais encore pour une œuvre volée.

Peut-être l'accent de Rosa avait-il amené une certaine conviction dans le cœur de van Systens et allait-il répondre plus doucement à la pauvre fille, quand un grand bruit se fit entendre dans la rue, qui paraissait purement et simplement être une augmentation du bruit que Rosa avait déjà entendu, mais sans y attacher d'importance, au Groet-Mark, et qui n'avait pas eu le pouvoir de la réveiller de sa fervente prière.

Des acclamations bruyantes ébranlèrent la maison.

M. van Systens prêta l'oreille à ces acclamations, qui pour Rosa n'avaient point été un bruit d'abord, et maintenant n'étaient qu'un bruit ordinaire.

— Qu'est-ce que cela? s'écria le bourguemestre, qu'est-ce que cela? serait-il possible et ai-je bien entendu?

Et il se précipita vers son antichambre, sans plus se préoccuper de Rosa qu'il laissa dans son cabinet.

A peine arrivé dans son antichambre,

M. van Systens poussa un grand cri en apercevant le spectacle de son escalier envahi jusqu'au vestibule.

Accompagné, ou plutôt suivi de la multitude, un jeune homme vêtu simplement d'un habit de petit velours violet brodé d'argent, montait avec une noble lenteur les degrés de pierre, éclatants de blancheur et de propreté.

Derrière lui marchaient deux officiers, l'un de la marine, l'autre de la cavalerie.

Van Systens, se faisant faire place au milieu des domestiques effarés, vint s'incliner, se prosterner presque devant le nouvel arrivant, qui causait toute cette rumeur.

— Monseigneur, s'écria-t-il, monseigneur, Votre Altesse chez moi ; honneur éclatant à jamais pour mon humble maison.

— Cher monsieur van Systens, dit Guillaume d'Orange avec une sérénité qui, chez lui, remplaçait le sourire, je suis un vrai Hollandais, moi, j'aime l'eau, la bière et les fleurs, quelquefois même ce fromage dont les Français estiment le goût; parmi les fleurs, celles que je préfère sont naturellement les tulipes. J'ai ouï dire à Leyde que la ville de Harlem possédait enfin la tulipe noire, et, après m'être assuré que la chose était vraie, quoique incroyable, je viens en demander des nouvelles au président de la Société d'horticulture.

— Oh! monseigneur, monseigneur, dit van Systens ravi, quelle gloire pour la société si ses travaux agréent à Votre Altesse.

— Vous avez la fleur ici? dit le prince qui sans doute se repentait déjà d'avoir trop parlé.

— Hélas! non, monseigneur, je ne l'ai pas ici.

— Et où est-elle ?

— Chez son propriétaire.

— Quel est ce propriétaire ?

— Un brave tulipier de Dordrecht.

— De Dordrecht.

— Oui.

— Et qui s'appelle ?

— Boxtel.

— Il loge ?

— Au Cygne-Blanc ; je vais le mander, et si, en attendant, Votre Altesse veut me faire l'honneur d'entrer au salon, il s'empressera, sachant que Monseigneur est ici, d'apporter sa tulipe à Monseigneur.

— C'est bien, mandez-le.

— Oui, Votre Altesse. Seulement...

— Quoi ?

— Oh ! rien d'important, monseigneur.

— Tout est important dans ce monde, monsieur van Systens.

— Eh bien, monseigneur, une difficulté s'élevait.

— Quelle ?

— Cette tulipe est déjà revendiquée par des usurpateurs. Il est vrai qu'elle vaut cent mille florins.

— En vérité.

— Oui, monseigneur, par des usurpateurs, par des faussaires.

— C'est un crime cela, monsieur van Systens.

— Oui, Votre Altesse.

— Et, avez-vous les preuves de ce crime?

— Non, monseigneur, la coupable...

— La coupable, monsieur.

— Je veux dire, celle qui réclame la tulipe, monseigneur, est là, dans la chambre à côté.

— Là ! Qu'en pensez-vous, monsieur van Systens ?

— Je pense, monseigneur, que l'appât des cent mille florins l'aura tentée.

— Et elle réclame la tulipe ?

— Oui, monseigneur.

— Et que dit-elle de son côté, comme preuve ?

— J'allais l'interroger, quand Votre Altesse est entrée.

— Écoutons-la, monsieur van Systens, écoutons-la ; je suis le premier magistrat du pays, j'entendrai la cause et ferai justice.

— Voilà mon roi Salomon trouvé, dit van Systens en s'inclinant et en montrant le chemin au prince.

Celui-ci allait prendre le pas sur son introducteur quand, s'arrêtant soudain :

— Passez devant, dit-il et appelez-moi Monsieur.

Ils entrèrent dans le cabinet.

Rosa était toujours à la même place, appuyée à la fenêtre et regardant par les vitres dans le jardin.

— Ah ! ah ! une Frisonne, dit le prince en apercevant le casque d'or et les jupes rouges de Rosa.

Celle-ci se retourna au bruit, mais à

peine vit-elle le prince, qui s'asseyait dans l'angle le plus obscur de l'appartement.

Toute son attention, on le comprend, était pour cet important personnage que l'on appelait van Systens, et non pour cet humble étranger qui suivait le maître de la maison et qui probablement ne s'appelait pas.

L'humble étranger prit un livre dans la bibliothèque et fit signe à van Systens de commencer l'interrogatoire.

Van Systens, toujours à l'invitation du jeune homme à l'habit violet, s'assit à son tour, et tout heureux et tout fier de l'importance qui lui était accordée :

— Ma fille, dit-il, vous me promettez la vérité, toute la vérité sur cette tulipe ?

— Je vous la promets.

— Eh bien ! parlez donc devant monsieur ; monsieur est un des membres de la Société horticole.

— Monsieur, dit Rosa, que vous dirai-je que je ne vous aie point dit déjà.

— Eh bien alors ?

— Alors, j'en reviendrai à la prière que je vous ai adressée.

— Laquelle ?

— De faire venir ici M. Boxtel avec sa tulipe ; si je ne la reconnais pas pour la mienne, je le dirai franchement ; mais si je la reconnais, je la réclamerai. Dûssé-je aller devant Son Altesse le stathouder lui-même, mes preuves à la main.

— Vous avez donc des preuves, la belle enfant ?

— Dieu, qui sait mon bon droit, m'en fournira.

Van Systens échangea un regard avec le prince, qui, depuis les premiers mots de Rosa, semblait essayer de rappeler ses souvenirs, comme si ce n'était point la première fois que cette douce voix frappât ses oreilles.

Un officier partit pour aller chercher Boxtel.

Van Systens continua l'interrogatoire.

— Et sur quoi, dit-il, basez-vous cette assertion, que vous êtes propriétaire de la tulipe noire ?

— Mais sur une chose fort simple, c'est

que c'est moi qui l'ai plantée et cultivée dans ma propre chambre.

— Dans votre chambre, et où était votre chambre ?

— A Lœwestein.

— Vous êtes de Lœwestein ?

— Je suis la fille du geôlier de la forteresse.

Le prince fit un petit mouvement qui voulait dire :

— Ah ! c'est cela, je me rappelle maintenant :

Et tout en faisant semblant de lire, il regarda Rosa avec plus d'attention encore qu'auparavant.

— Et vous aimez les fleurs? continua van Systens.

— Oui, monsieur.

— Alors, vous êtes une savante fleuriste?

Rosa hésita un instant, puis avec un accent tiré du plus profond de son cœur :

— Messieurs, je parle à des gens d'honneur, dit-elle.

L'accent était si vrai, que van Systens et le prince répondirent tous deux en même temps par un mouvement de tête affirmatif.

— Eh bien! non, ce n'est pas moi qui suis une savante fleuriste, non! moi je ne suis qu'une pauvre fille du peuple, une pauvre paysanne de la Frise, qui, il y a trois mois encore, ne savait ni lire ni écrire. Non! la tulipe noire n'a pas été trouvée par moi-même.

— Et par qui a-t-elle été trouvée?

— Par un pauvre prisonnier de Lœwestein.

— Par un prisonnier de Lœwestein ? dit le prince.

Au son de cette voix, ce fut Rosa qui tressaillit à son tour.

— Par un prisonnier d'État alors, continua le prince, car à Lœwestein, il n'y a que des prisonniers d'État.

Et il se remit à lire, ou du moins fit semblant de se remettre à lire.

— Oui, murmura Rosa tremblante, oui par un prisonnier d'État.

Van Systens pâlit en entendant prononcer un pareil aveu devant un pareil témoin.

— Continuez, dit froidement Guillaume au président de la société horticole.

— Oh! monsieur, dit Rosa en s'adressant à celui qu'elle croyait son véritable juge, c'est que je vais m'accuser bien gravement.

— En effet, dit van Systens, les prisonniers d'État doivent être au secret à Lœvestein.

— Hélas! monsieur.

— Et, d'après ce que vous dites, il semblerait que vous auriez profité de votre position comme fille du geôlier et que vous auriez communiqué avec lui pour cultiver des fleurs.

— Oui, monsieur, murmura Rosa éperdue ; oui, je suis forcée de l'avouer, je le voyais tous les jours.

— Malheureuse ! s'écria M. van Systens.

Le prince leva la tête en observant l'effroi de Rosa et la pâleur du président.

— Cela, dit-il de sa voix nette et fermement accentuée, cela ne regarde pas les membres de la Société horticole ; ils ont à juger la tulipe noire et ne connaissent pas des délits politiques. Continuez jeune fille, continuez.

Van Systens, par un éloquent regard, remercia au nom des tulipes, le nouveau membre de la Société horticole.

Rosa, rassurée par cette espèce d'encouragement que lui avait donné l'inconnu, raconta tout ce qui s'était passé depuis trois mois, tout ce qu'elle avait fait, tout ce qu'elle avait souffert. Elle parla des duretés de Gryphus, de la destruction du premier caïeu, de la douleur du prisonnier, des précautions prises pour que le second caïeu arrivât à bien, de la patience du prisonnier, de ses angoisses pendant leur séparation; comment il avait voulu mourir de faim parce qu'il n'avait plus de nouvelles de sa tulipe ; de la joie qu'il avait éprouvée à leur réunion, enfin de leur désespoir à tous deux lorsqu'ils avaient vu que la tulipe qui venait de fleurir leur avait été volée une heure après sa floraison.

Tout cela était dit avec un accent de vérité qui laissait le prince impassible, en apparence du moins, mais qui ne laissait pas de faire son effet sur M. van Systens.

— Mais, dit le prince, il n'y a pas longtemps que vous connaissez ce prisonnier ?

Rosa ouvrit ses grands yeux et regarda

l'inconnu, qui s'enfonça dans l'ombre, comme s'il eût voulu fuir ce regard.

— Pourquoi cela, monsieur? demanda-t-elle.

— Parce qu'il n'y a que quatre mois que le geôlier Gryphus et sa fille sont à Lœwestein.

— C'est vrai, monsieur.

— Et à moins que vous n'ayez sollicité le changement de votre père pour suivre quelque prisonnier qui aurait été transporté de La Haye à Lœwestein.

— Monsieur! fit Rosa en rougissant.

— Achevez, dit Guillaume.

— Je l'avoue, j'avais connu le prisonnier à La Haye.

— Heureux prisonnier ! dit en souriant Guillaume.

En ce moment l'officier qui avait été envoyé près de Boxtel rentra et annonça au prince que celui qu'il était allé quérir le suivait avec sa tulipe.

VI

VI

Le troisième caïeu.

L'annonce du retour de Boxtel était à peine faite, que Boxtel entra en personne dans le salon de M. van Systens, suivi de deux hommes portant dans une caisse le précieux fardeau, qui fut déposé sur une table.

Le prince, prévenu, quitta le cabinet,

passa dans le salon, admira et se tut, et revint silencieusement prendre sa place dans l'angle obscur, où lui-même avait placé son fauteuil.

Rosa, palpitante, pâle, pleine de terreur, attendait qu'on l'invitât à aller voir à son tour.

Elle entendit la voix de Boxtel.

— C'est lui ! s'écria-t-elle.

Le prince lui fit signe d'aller regarder dans le salon par la porte entr'ouverte.

— C'est ma tulipe, s'écria Rosa, c'est

elle, je la reconnais. O mon pauvre Cornélius !

Et elle fondit en larmes.

Le prince se leva, alla jusqu'à la porte, où il demeura un instant dans la lumière.

Les yeux de Rosa s'arrêtèrent sur lui. Plus que jamais elle était certaine que ce n'était pas la première fois qu'elle voyait cet étranger.

— Monsieur Boxtel, dit le prince, entrez donc ici.

Boxtel accourut avec empressement

et se trouva face à face avec Guillaume d'Orange.

— Son Altesse ! s'écria-t-il en reculant.

— Son Altesse ! répéta Rosa tout étourdie.

A cette exclamation, partie à sa gauche Boxtel se retourna et aperçut Rosa.

A cette vue, tout le corps de l'envieux frissonna comme au contact d'une pile de Volta.

— Ah ! murmura le prince se parlant à lui-même, il est troublé.

Mais Boxtel, par un puissant effort sur lui-même, s'était déjà remis.

— Monsieur Boxtel, dit Guillaume, il paraît que vous avez trouvé le secret de la tulipe noire ?

— Oui monseigneur, répondit Boxtel d'une voix où perçait un peu de trouble.

Il est vrai que ce trouble pouvait venir de l'émotion que le tulipier avait éprouvée en reconnaissant Guillaume.

— Mais, reprit le prince, voici une jeune fille qui prétend l'avoir trouvé aussi.

Boxtel sourit de dédain et haussa les épaules.

Guillaume suivait tous ses mouvements avec un intérêt de curiosité remarquable.

— Ainsi, vous ne connaissez pas cette jeune fille? dit le prince.

— Non, monseigneur.

— Et vous, jeune fille, connaissez-vous M. Boxtel ?

— Non, je ne connais pas M. Boxtel, mais je connais M. Jacob.

— Que voulez-vous dire?

— Je veux dire qu'à Lœwestein, celui qui se fait appeler Isaac Boxtel, se faisait appeler M. Jacob.

— Que dites-vous à cela, monsieur Boxtel ?

— Je dis que cette jeune fille ment, monseigneur.

— Vous niez avoir jamais été à Lœwestein ?

Boxtel hésita ; l'œil fixe et impérieusement scrutateur du prince l'empêchait de mentir.

— Je ne puis nier avoir été à Lœwestein, monseigneur, mais je nie avoir volé la tulipe.

— Vous me l'avez volée, et dans ma chambre! s'écria Rosa indignée.

— Je le nie.

— Ecoutez, niez-vous m'avoir suivie dans le jardin, le jour où je préparai la plate-bande où je devais l'enfouir? Niez-vous m'avoir suivie dans le jardin le jour où j'ai fait semblant de la planter? Niez-vous ce soir là vous être précipité, après ma sortie, sur l'endroit où vous espériez trouver le caïeu? Niez-vous avoir fouillé

la terre avec vos mains, mais inutilement,
Dieu merci, car ce n'était qu'une ruse pour
reconnaître vos intentions? Dites, niez-
vous tout cela?

Boxtel ne jugea point à propos de répondre à ces diverses interrogations. Mais
laissant la polémique entamée avec Rosa
et se retournant vers le prince :

— Il y a vingt ans, monseigneur, dit-il,
que je cultive des tulipes à Dordrecht, j'ai
même acquis dans cet art une certaine ré-
putation, une de mes hybrides porte au
catalogue un nom illustre. Je l'ai dédiée
au roi de Portugal. Maintenant voilà la
vérité. Cette jeune fille savait que j'avais

trouvé la tulipe noire, et de concert avec un certain amant qu'elle a dans la forteresse de Lœwestein, cette jeune fille a formé le projet de me ruiner en s'appropriant le prix de cent mille florins que je gagnerai, j'espère, grâce à votre justice.

— Oh ! s'écria Rosa outrée de colère.

— Silence ! dit le prince.

— Puis, se retournant vers Boxtel :

— Et quel est, dit-il, ce prisonnier que vous dites être l'amant de cette jeune fille ?

Rosa faillit s'évanouir, car le prisonnier

était recommandé par le prince comme un grand coupable.

Rien ne pouvait être plus agréable à Boxtel que cette question.

— Quel est ce prisonnier ? répéta-t-il.

— Oui.

— Ce prisonnier, monseigneur, est un homme dont le nom seul prouvera à Votre Altesse combien elle peut avoir de foi en sa probité. Ce prisonnier est un criminel d'Etat, condamné une fois à mort.

Et qui s'appelle ?

Rosa cacha sa tête dans ses deux mains avec un mouvement désespéré.

— Qui s'appelle Cornélius van Baërle, dit Boxtel, et qui est le propre filleul de ce scélérat de Corneille de Witt.

Le prince tressaillit, son œil calme jeta une flamme et le froid de la mort s'étendit de nouveau sur son visage immobile.

Il alla à Rosa et lui fit du doigt signe d'écarter ses mains de son visage.

Rosa obéit, comme eût fait sans voir une femme soumise à un pouvoir magnétique.

— C'est donc pour suivre cet homme

que vous êtes venue me demander à Leyde le changement de votre père.

Rosa baissa la tête et s'affaissa écrasée en murmurant :

— Oui, monseigneur.

— Poursuivez, dit le prince à Boxtel.

— Je n'ai plus rien à dire, continua celui-ci, Votre Altessse sait tout. Maintenant, voici ce que je ne voulais pas dire, pour ne pas faire rougir cette fille de son ingratitude. Je suis venu à Lœwestein parce que mes affaires m'y appelaient ; j'y ai fait connaissance avec le vieux Gryphus, je suis devenu amoureux de sa fille, je l'ai demandée en mariage, et comme je n'étais pas riche, imprudent que j'étais, je lui ai confié mon espérance de toucher cent mille florins ; et pour justifier cette espérance, je lui ai montré la tulipe noire. Alors, comme son amant, à Dordrecht, pour faire prendre le change sur les complots qu'il tramait, affectait de cultiver des tulipes, tous deux ont comploté ma perte.

La veille de la floraison de la fleur, la tulipe a été enlevée de chez moi par cette jeune fille, portée dans sa chambre, où j'ai eu le bonheur de la reprendre au moment où elle avait l'audace d'expédier un messager pour annoncer à MM. les membres de la Société d'horticulture qu'elle venait de trouver la grande tulipe noire ; mais elle ne s'est pas démontée pour cela. Sans doute pendant les quelques heures qu'elle l'a gardée dans sa chambre, l'aura-t-elle montrée à quelques personnes qu'elle appellera en témoignage ? Mais, malheureusement, monseigneur, vous voilà prévenu contre cette intrigante et ses témoins.

— Oh ! mon Dieu ! mon Dieu ! l'infâme ! gémit Rosa en larmes, en se jetant aux pieds du stathouder, qui, tout en la croyant coupable, prenait en pitié son horrible angoisse.

— Vous avez mal agi, jeune fille, dit-il, et votre amant sera puni pour vous avoir ainsi conseillée. Car vous êtes si jeune et vous avez l'air si honnête, que je veux croire que le mal vient de lui et non de vous.

— Monseigneur! monseigneur! s'écria Rosa, Cornélius n'est pas coupable.

Guillaume fit un mouvement.

— Pas coupable de vous avoir conseillée. C'est cela que vous voulez dire, n'est-ce pas?

— Je veux dire, monseigneur, que Cornélius n'est pas plus coupable du second crime qu'on lui impute, qu'il ne l'est du premier.

— Du premier, et savez-vous quel a été ce premier crime? Savez-vous de quoi il a été accusé et convaincu? D'avoir, comme complice de Corneille de Witt, caché la correspondance du grand pensionnaire et du marquis de Louvois.

— Eh bien! monseigneur, il ignorait qu'il fut détenteur de cette correspondance, il l'ignorait entièrement. Eh! mon Dieu! il me l'eût dit. Est-ce que ce cœur de diamant aurait pu avoir un secret qu'il m'eût caché? Non, non, monseigneur, je le répète, dussé-je encourir votre colère, Cornélius n'est pas plus coupable du premier crime que du second, et du second que du premier. Oh! si vous connaissiez mon Cornélius, monseigneur!

— Un de Witt! s'écria Boxtel. Eh! monseigneur ne le connaît que trop, puisqu'il lui a déjà fait une fois grâce de la vie.

— Silence, dit le prince. Toutes ces choses d'État, je l'ai déjà dit, ne sont point du ressort de la Société horticole de Harlem.

Puis, fronçant le sourcil:

— Quant à la tulipe, soyez tranquille, monsieur Boxtel, ajouta-t-il, justice sera faite.

Boxtel salua, le cœur plein de joie, et reçut les félicitations du président.

— Vous, jeune fille, continua Guillaume

d'Orange, vous avez failli commettre un crime, je ne vous en punirai pas, mais le vrai coupable paiera pour vous deux. Un homme de son nom peut conspirer, trahir même... mais il ne doit pas voler.

— Voler! s'écria Rosa, voler! lui, Cornélius, oh! monseigneur, prenez garde; mais il mourrait s'il entendait vos paroles, mais vos paroles le tueraient plus sûrement que n'eût fait la hache du bourreau sur le Buytenoff. S'il y a eu un vol, monseigneur, je le jure, c'est cet homme qui l'a commis.

— Prouvez-le, dit froidement Boxtel.

— Eh bien, oui. Avec l'aide de Dieu, je

le prouverai, dit la Frisonne avec énergie.

Puis se retournant vers Boxtel :

— La tulipe était à vous?

— Oui.

— Combien avait elle de caïeux?

Boxtel hésita un instant, mais il comprit que la jeune fille ne ferait pas cette question si les deux caïeux connus existaient seuls.

— Trois, dit-il.

— Que sont devenus ces caïeux? demanda Rosa.

— Ce qu'ils sont devenus?... l'un a avorté l'autre a donné la tulipe noire...

— Et le troisième?

— Le troisième?

— Le troisième, où est-il?

— Le troisième est chez moi, dit Boxtel tout troublé.

— Chez vous, où cela, à Lœwestein ou à Dordrecht?

— A Dordrecht, dit Boxtel.

— Vous mentez! s'écria Rosa. Monseigneur, ajouta-t-elle en se tournant vers le prince, la véritable histoire de ces trois caïeux, je vais vous la dire, moi. Le premier a été écrasé par mon père dans la chambre du prisonnier, et cet homme le sait bien, car il espérait s'en emparer. Et quand il vit son espoir déçu, il faillit se brouiller avec mon père qui le lui enlevait. Le second, soigné par moi, a donné la tulipe noire, et le troisième, le dernier, — la jeune fille le tira de sa poitrine, — le troisième le voici dans le même papier qui l'enveloppait avec les deux autres, quand au moment de monter sur l'échafaud, Cor-

nélius van Baërle me les donna tous trois.
Tenez, monseigneur, tenez.

Et Rosa démaillotta le caïeu du papier
qui l'enveloppait, le tendit au prince, qui
le prit de ses mains et l'examina.

— Mais, monseigneur, cette jeune fille
ne peut-elle pas l'avoir volé comme la tulipe, balbutia Boxtel effrayé de l'attention
avec laquelle le prince examinait le caïeu
et surtout de celle avec laquelle Rosa lisait
quelques lignes tracées sur le papier resté
entre ses mains.

Tout-à-coup, les yeux de la jeune fille
s'enflammèrent, elle relut haletante ce pa-

pier mystérieux, et poussant un cri en tendant le papier au prince :

— Oh! lisez, monseigneur, dit-elle, au nom du ciel, lisez!

Guillaume passa le troisième caïeu au président, prit le papier et lut.

A peine Guillaume eut-il jeté les yeux sur cette feuille qu'il chancela, sa main trembla comme si elle était prête à laisser échapper le papier, ses yeux prirent une effrayante expression de douleur et de pitié.

Cette feuille, que venait de lui remettre Rosa, était la page de la bible que Corneille de Witt avait envoyée à Dordrecht, par Craecke, le messager de son frère Jean, pour prier Cornélius de brûler la correspondance du grand pensionnaire avec Louvois.

Cette prière, on se le rappelle était conçue en ces termes :

« Cher filleul,

« Brûle le dépôt que je t'ai confié, brûle-le sans le regarder, sans l'ouvrir, afin qu'il demeure inconnu à toi-même : les secrets du genre de celui qu'il contient tuent les dépositaires. Brûle-le et tu auras sauvé Jean et Corneille.

« Adieu et aime moi.

« Corneille DE WITT.

« 20 août 1672. »

Cette feuille était à la fois la preuve de l'innocence de van Baërle et son titre de propriété aux caïeux de la tulipe.

Rosa et le stathouder échangèrent un seul regard.

Celui de Rosa voulait dire : Vous voyez bien !

Celui du stathouder signifiait : Silence et attends !

Le prince essuya une goutte de sueur froide qui venait de couler de son front sur sa joue. Il plia lentement le papier, laissant son regard plonger avec sa pensée dans cet abîme sans fond et sans ressource qu'on appelle le repentir et la honte du passé.

Bientôt relevant la tête avec effort.

— Allez, monsieur Boxtel, dit-il, justice sera faite, je l'ai promis.

Puis au président :

— Vous, mon cher monsieur van Systens, ajouta-t-il, gardez ici cette jeune fille et la tulipe. Adieu.

Tout le monde s'inclina, et le prince

sortit courbé sous l'immense bruit des acclamations populaires.

Boxtel s'en retourna au Cygne-Blanc assez tourmenté. Ce papier, que Guillaume avait reçu des mains de Rosa, avait lu, plié et mis dans sa poche avec tant de soin, ce papier l'inquiétait.

Rosa s'approcha de la tulipe, en baisa religieusement la feuille, et se confia tout entière à Dieu en murmurant :

— Mon Dieu ! saviez-vous vous-même dans quel but mon bon Cornélius m'apprenait à lire.

Oui, Dieu le savait, puisque c'est lui qui

punit et qui récompense les hommes selon leurs mérites.

VII

VII

La chanson des fleurs.

Pendant que s'accomplissaient les événements que nous venons de raconter, le malheureux van Baërle, oublié dans la chambre de la forteresse de Lœwestein, souffrait de la part de Gryphus tout ce qu'un prisonnier peut souffrir quand son geôlier a pris le parti bien arrêté de se ransformer en bourreau.

Gryphus ne recevant aucune nouvelle de Rosa, aucune nouvelle de Jacob, Gryphus se persuada que tout ce qui lui arrivait était l'œuvre du démon, et que le docteur Cornélius van Baërle était l'envoyé de ce démon sur la terre.

Il en résulta qu'un beau matin, c'était le troisième jour depuis la disparition de Jacob et de Rosa, il en résulta qu'un beau matin il monta à la chambre de Cornélius plus furieux encore que de coutume.

Celui-ci, les deux coudes appuyés sur la fenêtre, la tête appuyée sur ses deux mains, les regards perdus dans l'horizon brumeux que les moulins de Dordrecht battaient de leurs ailes, aspirait l'air pour refouler ses larmes et empêcher sa philosophie de s'évaporer.

Les pigeons y étaient toujours, mais l'espoir n'y était plus ; mais l'avenir manquait.

Hélas ! Rosa surveillée ne pourrait plus venir. Pourrait-elle seulement écrire ; et si elle écrivait, pourrait-elle lui faire parvenir ses lettres ?

Non. Il avait vu la veille et la surveille trop de fureur et de malignité dans les yeux du vieux Gryphus pour que sa vigilance se ralentît un moment, et puis outre la réclusion, outre l'absence, n'avait-elle pas à souffrir des tourments pires encore. Ce brutal, ce sacripan, cet ivrogne, ne se vengeait-il pas à la façon des pères du théâtre grec? quand le genièvre lui montait au cerveau ne donnait-il pas à son bras, trop bien raccommodé par Cornélius, la vigueur de deux bras et d'un bâton?

Cette idée, que Rosa était peut-être maltraitée, exaspérait Cornélius.

Il sentait alors son inutilité, son impuissance, son néant. Il se demandait si Dieu était bien juste d'envoyer tant de maux à deux créatures innocentes. Et certainement dans ces moments-là il doutait. Le malheur ne rend pas crédule.

Van Baërle avait bien formé le projet d'écrire à Rosa. Mais où était Rosa ?

Il avait bien eu l'idée d'écrire à la Haye pour prévenir ce que Gryphus voulait sans doute amasser, par une dénonciation, de nouveaux orages sur sa tête.

Mais avec quoi écrire ? Gryphus lui avait enlevé crayons et papier. D'ailleurs, eût-il l'un et l'autre, ce ne serait certainement pas Gryphus qui se chargerait de sa lettre.

Alors Cornélius passait et repassait dans sa tête toutes ces pauvres ruses employées par les prisonniers.

Il avait bien songé encore à une évasion, chose à laquelle il ne songeait pas quand il pouvait voir Rosa tous les jours. Mais plus il y pensait, plus une évasion lui paraissait impossible. Il était de ces natures choisies qui ont horreur du commun et qui manquent souvent toutes les bonnes occasions de la vie, faute d'avoir pris la route du vulgaire, ce grand chemin des gens médiocres et qui les mène à tout.

— Comment serait-il possible, se disait Cornélius, que je susse m'enfuir de Lœwestein, d'où s'enfuit jadis M. de Grotius? Depuis cette évasion, n'a-t-on pas tout prévu? Les fenêtres ne sont-elles pas gardées? Les portes ne sont-elles pas doubles ou triples ? Les postes ne sont-ils pas dix fois plus vigilants ?

Puis, outre les fenêtres gardées, les portes doubles, les postes plus vigilants que jamais, n'ai-je pas un argus infaillible ? Un argus d'autant plus dangereux qu'il a les yeux de la haine, Gryphus ?

Enfin n'est-il pas une circonstance qui me paralyse ? L'absence de Rosa. Quand j'userais dix ans de ma vie à fabriquer une lime pour scier mes barreaux, à tresser des cordes pour descendre par la fenêtre, ou me coller des ailes aux épaules pour m'envoler comme Dédale... Mais je suis dans une période de mauvaise chance ?

La lime s'émoussera, la corde se rompra, mes ailes fondront au soleil. Je me tuerai mal. On me ramassera boiteux, manchot, cul-de-jatte. On me classera dans le musée de la Haye, entre le pourpoint taché de sang de Guillaume-le-Taciturne, et la femme marine recueillie à Stavesen, et mon entreprise n'aura eu pour résultat que de me procurer l'honneur de faire partie des curiosités de la Hollande.

Mais non, et cela vaut mieux, un beau jour Gryphus me fera quelque noirceur. Je perds la patience depuis que j'ai perdu la joie et la société de Rosa, et surtout depuis que j'ai perdu mes tulipes. Il n'y a pas à en douter, un jour ou l'autre Gryphus m'attaquera d'une façon sensible à mon amour-propre, à mon amour ou à ma sûreté personnelle. Je me sens, depuis ma réclusion, une vigueur étrange, hargneuse, insupportable. J'ai des prurits de lutte, des appétits de bataille, des soifs incompréhensibles de horions. Je sauterai à la gorge de mon vieux scélérat, et je l'étranglerai !

Cornélius, à ces derniers mots, s'arrêta un instant, la bouche contractée, l'œil fixe.

Il retournait avidement dans son esprit une pensée qui lui souriait.

— Eh mais ! continua Cornélius, une fois Gryphus étranglé, pourquoi ne pas lui prendre les clefs? pourquoi ne pas descendre l'escalier comme si je venais de commettre l'action la plus vertueuse? pourquoi ne pas aller trouver Rosa dans sa chambre? pourquoi ne pas lui expliquer le fait et sauter avec elle de sa fenêtre dans le Wahal?

Je sais certes assez bien nager pour deux.

Rosa! mais mon Dieu, ce Gryphus est son père; elle ne m'approuvera jamais,— quelque affection qu'elle ait pour moi, — de lui avoir étranglé ce père, si brutal qu'il fût, si méchant qu'il ait été. Besoin alors sera d'une discussion, d'un discours pendant la péroraison duquel arrivera quelque sous-chef ou quelque porte-clef qui aura trouvé Gryphus râlant encore ou étranglé tout à fait, et qui me remettra la main sur l'épaule. Je reverrai alors le Buytenhoff et l'éclair de cette vilaine épée, qui cette fois ne s'arrêtera pas en route et fera connaissance avec ma nuque. Point de cela, Cornélius, mon ami ; c'est un mauvais moyen!

Mais alors que devenir et comment retrouver Rosa?

Telles étaient les réflexions de Cornélius trois jours après la scène funeste de séparation entre Rosa et son père, juste au moment où nous avons montré au lecteur Cornélius accoudé sur sa fenêtre.

C'est dans ce moment même que Gryphus entra.

Il tenait à la main un énorme bâton, ses yeux étincelaient de mauvaises pensées, un mauvais sourire crispait ses lèvres, un mauvais balancement agitait son corps, et dans sa tacite personne tout respirait les mauvaises dispositions.

Cornélius, rompu comme nous venons de le voir, par la nécessité de la patience, nécessité que le raisonnement avait menée jusqu'à la conviction, Cornélius l'entendit entrer, devina que c'était lui, mais ne se détourna même pas.

Il savait que cette fois Rosa ne viendrait pas derrière lui.

Rien n'est plus désagréable aux gens qui sont en veine de colère, que l'indifférence de ceux à qui cette colère doit s'adresser.

On a fait des frais, on ne veut pas les perdre.

On s'est monté la tête, on a mis son sang en ébullition. Ce n'est pas la peine si cette ébullition ne donne pas la satisfaction d'un petit éclat.

Tout honnête coquin qui a aiguisé son mauvais génie désire au moins en faire une bonne blessure à quelqu'un.

Aussi Gryphus, voyant que Cornélius ne bougeait point, se mit à l'interpeller par un vigoureux :

— Hum ! hum !

Cornélius chantonna entre ses dents la chanson des fleurs, triste mais charmante chanson :

Nous sommes les filles du feu secret,
Du feu qui circule dans les veines de la terre ;
Nous sommes les filles de l'aurore et de la rosée,
Nous sommes les filles de l'air,
Nous sommes les filles de l'eau ;
Mais nous sommes avant tout les filles du ciel.

Cette chanson, dont l'air calme et doux augmentait la placide mélancolie, exaspéra Gryphus.

Il frappa la dalle de son bâton en criant :

— Eh ! monsieur le chanteur, ne m'entendez-vous pas ?

Cornélius se retourna.

— Bonjour, dit-il.

Et il reprit sa chanson.

Les hommes nous souillent et nous tuent en nous aimant.
Nous tenons à la terre par un fil.
Ce fil c'est notre racine, c'est-à-dire notre vie.
Mais nous levons le plus haut que nous pouvons nos bras vers le ciel.

— Ah! sorcier maudit, tu te moques de moi, je pense! cria Gryphus.

Cornélius continua :

C'est que le ciel est notre patrie,
Notre véritable patrie, puisque de lui vient notre âme,
Puisqu'à lui retourne notre âme,
Notre âme, c'est-à-dire notre parfum.

Gryphus s'approcha du prisonnier.

— Mais tu ne vois donc pas que j'ai pris le bon moyen pour te réduire et pour te forcer à m'avouer tes crimes.

— Est-ce que vous êtes fou, mon cher monsieur Gryphus? demanda Cornélius en se retournant.

Et, comme en disant cela, il vit le visage altéré, les yeux brillants, la bouche écumante du vieux geôlier,

— Diable! dit-il, nous sommes plus que fou, à ce qu'il paraît; nous sommes furieux!

Gryphus fit le moulinet avec son bâton.

Mais, sans se mouvoir,

— Çà, maître Gryphus, dit van Baërle en se croisant les bras, vous paraissez me menacer.

— Oh! oui, je te menace! cria le geôlier.

— Et de quoi?

— D'abord, regarde ce que je tiens à la main.

— Je crois que c'est un bâton, dit Cornélius avec calme, et même un gros bâton ; mais je ne suppose point que ce soit là ce dont vous me menacez.

— Ah ! tu ne supposes pas cela ! et pourquoi ?

— Parce que tout geôlier qui frappe un prisonnier s'expose à deux punitions : la première, art. IX du règlement de Lœwestein :

« Sera chassé tout geôlier, inspecteur ou porte-clefs qui portera la main sur un prisonnier d'État. »

— La main, fit Gryphus, ivre de colère ;

mais le bâton. Ah ! le bâton, le règlement n'en parle pas.

— La deuxième, continua Cornélius, la deuxième, qui n'est pas inscrite au règlement, mais que l'on trouve dans l'Évangile, la deuxième, la voici :

« Quiconque frappe de l'épée périra par l'épée.

« Quiconque touche avec le bâton sera rossé par le bâton.

Gryphus, de plus en plus exaspéré par le ton calme et sentencieux de Cornélius, brandit son gourdin ; mais au moment où il le levait, Cornélius s'élança vers lui, le lui arracha des mains et le mit sous son propre bras.

Gryphus hurlait de colère.

— Là, là, bonhomme, dit Cornélius, ne vous exposez point à perdre votre place.

— Ah! sorcier, je te pincerai autrement, va, rugit Gryphus.

— A la bonne heure.

— Tu vois que ma main est vide.

— Oui, je le vois, et même avec satisfaction.

— Tu sais qu'elle ne l'est pas habituellement lorsque le matin je monte l'escalier.

— Ah! c'est vrai, vous m'apportez d'habitude la plus mauvaise soupe ou le plus piteux ordinaire que l'on puisse imaginer. Mais ce n'est point un châtiment pour moi; je ne me nourris que de pain, et le pain plus il est mauvais à ton goût, Gryphus, meilleur il est au mien.

— Plus il est meilleur au tien?

— Oui.

— Et la raison ?

— Oh ! elle est bien simple.

— Dis-la donc, alors.

— Volontiers ; je sais qu'en me donnant du mauvais pain tu crois me faire souffrir.

— Le fait est que je ne te le donne pas pour t'être agréable, brigand.

— Eh bien ! moi qui suis sorcier, comme tu le sais, je change ton mauvais pain en un pain excellent, qui me réjouit plus que des gâteaux, et alors j'ai un double plaisir, celui de manger à mon goût d'abord, et ensuite de te faire infiniment enrager.

Gryphus hurla de colère.

— Ah! tu avoues donc que tu es sorcier, dit-il.

— Parbleu! si je le suis. Je ne le dis pas devant le monde, parce que cela pourrait me conduire au bûcher comme Gaufredy ou Urbain Grandier, mais quand nous ne sommes que nous deux, je n'y vois pas d'inconvénient.

— Bon, bon, bon, répondit Gryphus,

mais si un sorcier fait du pain blanc avec du pain noir, le sorcier ne meurt-il pas de faim s'il n'a pas de pain du tout.

— Heim ! fit Cornélius.

— Donc, je ne t'apporterai plus de pain du tout, et nous verrons au bout de huit jours.

Cornélius pâlit.

— Et cela, continua Gryphus, à partir d'aujourd'hui. Puisque tu es si bon sorcier, voyons, change en pain les meubles de ta chambre ; quant à moi, je gagnerai tous les jours les dix-huit sous que l'on me donne pour ta nourriture.

— Mais c'est un assassinat ! s'écria Cornélius, emporté par un premier mouvement de terreur bien compréhensible ; et qui lui était inspiré par cet horrible genre de mort.

— Bon, continua Gryphus le raillant, bon, puisque tu es sorcier, tu vivras malgré tout.

Cornélius reprit son air riant, et haussant les épaules :

— Est-ce que tu ne m'as pas vu faire venir ici les pigeons de Dordrecht.

— Eh bien ! dit Gryphus.

— Eh bien ! c'est un joli rôti que le pigeon ; un homme qui mangerait un pigeon tous les jours ne mourrait pas de faim, ce me semble ?

— Et du feu ? dit Gryphus.

— Du feu ! mais tu sais bien que j'ai fait un pacte avec le diable. Penses-tu que le diable me laissera manquer de feu quand le feu est son élément ?

— Un homme si robuste qu'il soit ne saurait manger un pigeon tous les jours. Il y a eu des paris de faits, et les parieurs ont renoncé.

—Eh bien ! mais, dit Cornélius, quand

je serai fatigué de pigeons, je ferai monter les poissons du Wahal et de la Meuse.

Gryphus ouvrit de larges yeux effarés.

—J'aime assez le poisson, continua Cornélius; tu ne m'en sers jamais. Eh bien! je profiterai de ce que tu veux me faire mourir de faim pour me régaler de poisson.

Gryphus faillit s'évanouir de colère et même de peur.

Mais se ravisant.

—Eh bien! dit-il, en mettant la main dans sa poche. Puisque tu m'y forces.

Et il en retira un couteau qu'il ouvrit.

— Ah! un couteau! fit Cornélius se mettant en defense avec son bâton.

VIII

VIII

Où van Baërle, avant de quitter Lœwestein, règle ses comptes avec Gryphus.

Tous deux demeurèrent un instant, Gryphus sur l'offensive, van Baërle sur la défensive.

Puis, comme la situation pouvait se prolonger indéfiniment, Cornélius s'enquérant des causes de cette recrudescence de colère chez son antagoniste :

— Eh bien ! lui demanda-t-il, que voulez-vous encore ?

— Ce que je veux, je vais te le dire, répondit Gryphus. Je veux que tu me rendes ma fille Rosa.

— Votre fille ! s'écria Cornélius.

— Oui, Rosa ? Rosa que tu m'as enlevée par ton art du démon. Voyons, veux-tu me dire où elle est ?

Et l'attitude de Gryphus devint de plus en plus menaçante.

— Rosa n'est point à Lœwestein ? s'écria Cornélius.

— Tu le sais bien. Veux-tu me rendre Rosa, encore une fois ?

— Bon, dit Cornélius, c'est un piège que tu me tends.

— Une dernière fois, veux-tu me dire où est ma fille ?

— Eh ! devine-le, coquin, si tu ne le sais pas.

— Attends, attends, gronda Gryphus, pâle et les lèvres agitées par la folie qui commençait à envahir son cerveau. Ah! tu ne veux rien dire. Eh bien! je vais te desserrer les dents.

Il fit un pas vers Cornélius, et lui montrant l'arme qui brillait dans sa main :

— Vois-tu ce couteau, dit-il ; eh bien! j'ai tué avec plus de cinquante coqs noirs. Je tuerai bien leur maître, le diable, comme je les ai tués eux, attends, attends !

— Mais, gredin, dit Cornélius, tu veux donc décidément m'assassiner.

— Je veux t'ouvrir le cœur pour voir dedans l'endroit où tu caches ma fille.

Et en disant ces mots avec l'égarement de la fièvre, Gryphus se précipita sur Cornélius, qui n'eut que le temps de se jeter derrière sa table pour éviter le premier coup.

Gryphus brandissait son grand couteau en proférant d'horribles menaces.

Cornélius prévit que s'il était hors de la portée de la main, il n'était pas hors de la portée de l'arme, l'arme lancée à distance pouvait traverser l'espace, et venir s'enfoncer dans sa poitrine ; il ne perdit donc pas de temps, et du bâton qu'il avait précieusement conservé, il asséna un vigoureux coup sur le poignet qui tenait le couteau.

Le couteau tomba par terre, et Cornélius appuya son pied dessus.

Puis, comme Gryphus paraissait vouloir s'acharner à une lutte que la douleur du coup de bâton et la honte d'avoir été désarmé deux fois auraient rendue impitoyable, Cornélius prit un grand parti.

Il roua de coups son geôlier, avec un sang-froid des plus héroïques, choisissant l'endroit où tombait chaque fois le terrible gourdin.

Gryphus ne tarda point à demander grâce.

Mais avant de demander grâce, il avait

crié, et beaucoup ; ses cris avaient été entendus et avaient mis en émoi tous les employés de la maison. Deux porte-clés, un inspecteur et trois ou quatre gardes parurent donc tout-à-coup et surprirent Cornélius opérant le bâton à la main, le couteau sous le pied.

A l'aspect de tous ces témoins du méfait qu'il venait de commettre, et dont les circonstances atténuantes, comme on dit aujourd'hui, étaient inconnues, Cornélius se sentit perdu sans ressources.

En effet, toutes les apparences étaient contre lui.

En un tour de main, Cornélius fut désarmé, et Gryphus, entouré, relevé, soutenu, put compter, en rugissant de colère, les meurtrissures qui enflaient ses épaules et son échine, comme autant de collines diaprant le piton d'une montagne.

Procès-verbal fut dressé, séance tenante. des violences exercées par le prisonnier sur son gardien, et le procès-verbal soufflé par Gryphus ne pouvait pas être accusé de tiédeur ; il ne s'agissait de rien moins que d'une tentative d'assassinat, préparée depuis longtemps et accomplie sur le geôlier, avec préméditation par conséquent, et rébellion ouverte.

Tandis qu'on instrumentait contre Cornélius, les renseignements donnés par

Gryphus, rendant sa présence inutile, les deux porte-clés l'avaient descendu dans sa geôle, moulu de coups et gémissant.

Pendant ce temps, les gardes qui s'étaient emparés de Cornélius s'occupaient à l'instruire charitablement des us et coutumes de Lœwestein, qu'il connaissait, du reste, aussi bien qu'eux, lecture lui ayant été faite du règlement au moment de son entrée en prison, et certains articles du règlement lui étant parfaitement entrés dans la mémoire.

Ils lui racontaient en outre comment l'application de ce règlement avait été faite à l'endroit d'un prisonnier nommé Mathias, qui, en 1668, c'est-à-dire cinq ans auparavant, avait commis un acte de rébellion bien autrement anodin que celui que venait de se permettre Cornélius.

Il avait trouvé sa soupe trop chaude et l'avait jetée à la tête du chef des gardiens, qui, à la suite de cette ablution, avait eu le désagrément en s'essuyant le visage de s'enlever une partie de la peau.

Mathias, dans les douze heures, avait été extrait de sa chambre ;

Puis conduit à la geôle, où il avait été inscrit comme sortant de Lœwestein ;

Puis mené à l'esplanade, dont la vue

est fort belle et embrasse onze lieues d'étendue ;

Là on lui avait lié les mains ;

Puis bandé les yeux, récité trois prières ;

Puis on l'avait invité à faire une génuflexion ; et les gardes de Lœwestein, au nombre de douze, lui avaient, sur un signe fait par un sergent, logé fort habilement chacun une balle de mousquet dans le corps.

Ce dont Mathias était mort incontinent.

Cornélius écouta avec la plus grande attention ce récit désagréable.

Puis, l'ayant écouté:

— Ah! ah! dit-il, dans les douze heures, dites-vous?

— Oui, la douzième heure n'était pas même encore sonnée, à ce que je crois, dit le narrateur.

— Merci, dit Cornélius.

Le garde n'avait pas terminé le sourire gracieux qui servait de ponctuation à son récit, qu'un pas sonore retentit dans l'escalier.

Des éperons sonnaient aux arrêtes usées des marches.

Les gardes s'écartèrent pour laisser passer un officier.

Celui-ci entra dans la chambre de Cornélius au moment où le scribe de Lœwestein verbalisait encore.

— C'est ici le n° 11 ? demanda-t-il.

— Oui, capitaine, répondit un sous-officier.

— Alors c'est ici la chambre du prisonnier Cornélius van Baërle ?

— Précisément, capitaine.

— Où est le prisonnier?

— Me voici, monsieur, répondit Cornélius en pâlissant un peu malgré tout son courage.

— Vous êtes M. Cornélius van Baërle? demanda-t-il, s'adressant cette fois au prisonnier lui-même.

— Oui, monsieur.

— Alors suivez-moi.

— Oh! oh! dit Cornélius, dont le cœur

se soulevait pressé par les premières angoisses de la mort, comme on va vite en besogne à la forteresse de Lœwestein, et le drôle qui m'avait parlé de douze heures !

— Hein ! qu'est-ce que je vous ai dit, fit le garde historien à l'oreille du patient.

— Un mensonge.

— Comment cela ?

— Vous m'aviez promis douze heures.

— Ah ! oui. Mais l'on vous envoie un aide-de-camp de Son Altesse, un de ses plus intimes même, M. van Deken. Peste ! on n'a pas fait un pareil honneur au pauvre Mathias.

— Allons, allons, fit Cornélius, en renflant sa poitrine avec la plus grande quantité d'air possible ; allons, montrons à ces gens-là qu'un bourgeois, filleul de Corneille de Witt, peut, sans faire la grimace, contenir autant de balles de mousquets qu'un nommé Mathias.

Et il passsa fièrement devant le greffier qui, interrompu dans ses fonctions, se hasarda de dire à l'officier :

— Mais, capitaine van Deken, le procès-verbal n'est pas encore terminé.

—Ce n'est point la peine de le finir, répondit l'officier.

— Bon, répliqua le scribe en serrant philosophiquement ses papiers et sa plume dans un portefeuille usé et crasseux.

Il était écrit pensa le pauvre Cornélius, que je ne donnerais mon nom en ce monde ni à un enfant, ni à une fleur, ni à un livre, ces trois nécessités dont Dieu impose une au moins, à ce que l'on assure, à tout homme un peu organisé qu'il daigne laisser jouir sur la terre de la propriété d'une âme et de l'usufruit d'un corps.

Et il suivit l'officier le cœur résolu et la tête haute.

Cornélius compta les degrés qui conduisaient à l'esplanade, regrettant de ne pas avoir demandé au garde combien il y en avait ; ce que, dans son officieuse complaisance, celui-ci n'eût certes pas manqué de lui dire.

Tout ce que redoutait le patient dans ce trajet qu'il regardait comme celui qui devait définitivement le conduire au but du grand voyage, c'était de voir Gryphus et de ne pas voir Rosa. Quelle satisfaction, en effet, devait briller sur le visage du père ! Quelle douleur sur le visage de la fille.

Comme Gryphus allait applaudir à ce supplice, à ce supplice, vengeance féroce d'un acte éminemment juste, que Cornélius avait la conscience d'avoir accompli comme un devoir.

Mais Rosa, la pauvre fille, s'il ne la voyait pas, s'il allait mourir sans lui avoir donné le dernier baiser ou tout au moins le dernier adieu.

S'il allait mourir enfin, sans avoir aucune nouvelle de la grande tulipe noire, et se réveiller là-haut, sans savoir de quel côté il fallait tourner les yeux pour la retrouver.

En vérité, pour ne pas fondre en larmes dans un pareil moment, le pauvre tulipier avait plus d'*æs triplex* autour du cœur, qu'Horace n'en attribue au navigateur qui le premier visita les infâmes écueils acrocérauniens.

Cornélius eut beau regarder à droite, Cornélius eut beau regarder à gauche, il arriva sur l'esplanade sans avoir aperçu Rosa, sans avoir aperçu Gryphus.

Il y avait presque compensation.

Cornélius, arrivé sur l'esplanade, chercha bravement des yeux les gardes ses exécuteurs, et vit en effet une douzaine de soldats rassemblés et causant.

Mais rassemblés et causant sans mousquets, rassemblés et causant sans être alignés ;

Chuchottant même entre eux plutôt qu'ils ne causaient. Conduite qui parut à Cornélius indigne de la gravité qui préside d'ordinaire à de pareils évènements.

Tout-à-coup Gryphus clopinant, chancelant, s'appuyant sur une béquille, apparut hors de sa geôle. Il avait allumé pour un dernier regard de haine tout le feu de ses vieux yeux gris de chat. Alors il se mit à vomir contre Cornélius un tel torrent d'abominables imprécations que Cornélius s'adressant à l'officier :

— Monsieur, dit-il, je ne crois pas qu'il soit bien séant de me laisser ainsi insulter par cet homme, et cela surtout dans un pareil moment.

— Écoutez donc, dit l'officier en riant, il est bien naturel que ce brave homme vous en veuille, il paraît que vous l'avez roué de coups.

— Mais, monsieur, c'était à mon corps défendant.

— Bah! dit le capitaine en imprimant à ses épaules un geste éminemment philosophique; bah! laissez-le dire. Que vous importe, à présent?

Une sueur froide passa sur le front de Cornélius à cette réponse qu'il regardait comme une ironie un peu brutale, de la part surtout d'un officier qu'on lui avait dit être attaché à la personne du prince.

Le malheureux comprit qu'il n'avait plus de ressources, qu'il n'avait plus d'amis, et se résigna.

— Soit, murmura-t-il en baissant la tête ; on en a fait bien d'autres au Christ, et si innocent que je sois, je ne puis me comparer à lui. Le Christ se fût laissé battre par son geôlier et ne l'eût point battu.

Puis, se retournant vers l'officier, qui

paraissait complaisamment attendre qu'il eût fini ses réflexions.

— Allons, monsieur, demanda-t-il, où vais-je?

L'officier lui montra un carrosse attelé de quatre chevaux, qui rappela fort le carrosse qui dans une circonstance pareille avait déjà frappé ses regards au Buytenhoff.

— Montez là-dedans, dit-il.

— Ah! murmura Cornélius, il paraît qu'on ne me fera pas les honneurs de l'esplanade à moi!

Il prononça ces mots assez haut pour que l'historien qui semblait être attaché à sa personne l'entendît.

Sans doute crut-il que c'était un devoir pour lui de donner de nouveaux renseignements à Cornélius, car il s'approcha de la portière, et tandis que l'officier, le pied sur le marchepied, donnait quelques ordres, il lui dit tout bas :

— On a vu des condamnés conduits dans leur propre ville, et pour que l'exemple fût plus grand, y subir leur supplice devant la porte de leur propre maison. Cela dépend.

Cornélius fit un signe de remerciment.

Puis à lui-même :

— Eh bien ! dit-il, à la bonne heure, voici un garçon qui ne manque jamais de placer une consolation quand l'occasion s'en présente. Ma foi, mon ami, je vous suis bien obligé. Adieu.

La voiture roula.

— Ah ! scélérat, ah ! brigand, hurla Gryphus en montrant le poing à sa victime qui lui échappait. Et diré qu'il s'en va sans me rendre ma fille.

— Si l'on me conduit à Dordrecht, dit

Cornélius, je verrai en passant devant ma maison si mes pauvres plates-bandes ont été bien ravagées.

IX

XI

IX

Où l'on commence de se douter à quel supplice était réservé Cornélius van Baërle.

La voiture roula tout le jour. Elle laissa Dordrecht à gauche, traversa Rotterdam, atteignit Delft. A cinq heures du soir, on avait fait au moins vingt lieues.

Cornélius adressa quelques questions à l'officier qui lui servait à la fois de garde et de compagnon ; mais, si circonspectes que fussent ses demandes, il eut le chagrin de les voir rester sans réponse.

Cornélius regretta de n'avoir plus à côté de lui ce garde si complaisant qui parlait, lui, sans se faire prier.

Il lui eût sans doute offert sur cette étrangeté, qui survenait dans sa troisième aventure, des détails aussi gracieux et des explications aussi précises que sur les deux premières.

On passa la nuit en voiture. Le lendemain, au point du jour, Cornélius se trouva au-delà de Leyde, ayant la mer du

Nord à sa gauche et la mer de Harlem à sa droite.

Trois heures après, il entrait à Harlem.

Cornélius ne savait point ce qui s'était passé à Harlem, et nous le laisserons dans cette ignorance jusqu'à ce qu'il en soit tiré par les évènements.

Mais il ne peut pas en être de même du lecteur, qui a le droit d'être mis au courant des choses, même avant notre héros.

Nous avons vu que Rosa et la tulipe,

comme deux sœurs, et comme deux orphelines, avaient été laissées, par le prince Guillaume d'Orange, chez le président van Systens.

Rosa ne reçut aucune nouvelle du stathouder, avant le soir du jour où elle l'avait vu en face.

Vers le soir, un officier entra chez van Systens ; il venait de la part de Son Altesse inviter Rosa à se rendre à la maison de ville.

Là, dans le grand cabinet des délibérations où elle fut introduite, elle trouva le prince qui écrivait.

Il était seul et avait à ses pieds un grand levrier de Frise qui le regardait fixement, comme si le fidèle animal eût voulu essayer de faire, — ce que nul homme ne pouvait faire, — lire dans la pensée du maître.

Guillaume continua d'écrire un instant encore ; puis, levant les yeux et voyant Rosa debout près de la porte :

— Venez, Mademoiselle, dit-il sans quitter ce qu'il écrivait.

Rosa fit quelques pas vers la table.

—Monseigneur, dit-elle en s'arrêtant.

— C'est bien, fit le prince. Asseyez-vous.

Rosa obéit, car le prince la regardait. Mais à peine le prince eut-il reporté les yeux sur son papier qu'elle se retira toute honteuse.

Le prince achevait sa lettre.

Pendant ce temps, le lévrier était allé au-devant de Rosa et l'avait examinée et caressée.

— Ah! ah! fit Guillaume à son chien. On voit bien que c'est une compatriote; tu la reconnais.

Puis, se retournant vers Rosa et fixant sur elle son regard scrutateur et voilé en même temps :

— Voyons, ma fille, dit-il.

Le prince avait vingt-trois ans à peine, Rosa en avait dix-huit ou vingt; il eût mieux dit en disant ma sœur.

— Ma fille, dit-il avec cet accent étrangement imposant qui glaçait tous ceux qui l'approchaient, nous ne sommes que nous deux, causons.

Rosa commença de trembler de tous ses membres, et cependant il n'y avait rien que de bienveillant dans la physionomie du prince.

— Monseigneur, balbutia-t-elle.

— Vous avez un père à Lœwestein ?

— Oui, Monseigneur.

— Vous ne l'aimez pas ?

— Je ne l'aime pas, du moins, Monseigneur, comme une fille devrait aimer.

— C'est mal de ne pas aimer son père, mon enfant, mais c'est bien de ne pas mentir à son prince.

Rosa baissa les yeux.

— Et pour quelle raison n'aimez-vous point votre père ?

— Mon père est méchant.

— De quelle façon se manifeste sa méchanceté ?

— Mon père maltraite les prisonniers.

— Tous ?

— Tous.

— Mais ne lui reprochez-vous pas de maltraiter particulièrement quelqu'un ?

— Mon père maltraite particulièrement M. van Baërle, qui...

— Qui est votre amant.

Rosa fit un pas en arrière.

— Que j'aime, Monseigneur, répondit-elle avec fierté.

— Depuis longtemps? demanda le prince.

— Depuis le jour où je l'ai vu.

— Et vous l'avez vu?

— Le lendemain où furent si terriblement mis à mort M. le grand pensionnaire Jean et son frère Corneille.

Les lèvres du prince se serrèrent, son front se plissa, ses paupières se baissèrent de manière à cacher un instant ses yeux. Au bout d'un instant de silence, il reprit :

— Mais que vous sert-il d'aimer un homme destiné à vivre et à mourir en prison ?

— Cela me servira, Monseigneur, s'il vit et meurt en prison, à l'aider à vivre et à mourir.

— Et vous accepteriez cette position d'être la femme d'un prisonnier ?

— Je serais la plus fière et la plus heureuse des créatures humaines étant la femme de M. van Baërle ; mais...

— Mais quoi ?

— Je n'ose dire, Monseigneur.

— Il y a un sentiment d'espérance dans votre accent ; qu'espérez-vous ?

Elle leva ses beaux yeux sur Guillaume, ses yeux limpides et d'une intelligence si pénétrante qu'ils allèrent chercher la clémence endormie au fond de ce cœur sombre, d'un sommeil qui ressemblait à la mort.

— Ah ! je comprends.

Rosa sourit en joignant les mains.

— Vous espérez en moi, dit le prince.

— Oui, Monseigneur.

— Hum !

Le prince cacheta la lettre qu'il venait d'écrire et appela un de ses officiers.

— Monsieur van Deken, dit-il, portez à Lœwestein le message que voici ; vous prendrez lecture des ordres que je donne au gouverneur, et en ce qui vous regarde vous les exécuterez.

L'officier salua, et l'on entendit retentir sous la voûte sonore de la maison le galop d'un cheval.

— Ma fille, poursuivit le prince, c'est dimanche la fête de la tulipe, et dimanche c'est après demain. Faites-vous belle avec les cinq cents florins que voici ; car je veux que ce jour-là soit une grande fête pour vous.

— Comment Votre Altesse veut-elle que je sois vêtue? murmura Rosa.

— Prenez le costume des épousées frisonnes, dit Guillaume, il vous siéera fort bien.

X

X

Harlem.

Harlem, où nous sommes entrés il y a trois jours avec Rosa et où nous venons de rentrer à la suite du prisonnier, est une jolie ville, qui s'enorgueillit à bon droit d'être une des plus ombragées de la Hollande.

Tandis que d'autres mettaient leur amour-propre à briller par les arsenaux et par les chantiers, par les magasins et par les bazars, Harlem mettait toute sa gloire à primer toutes les villes des Etats par ses beaux ormes touffus, par ses peupliers élancés, et surtout par ses promenades ombreuses, au-dessus desquelles s'arrondissaient en voûte le chêne, le tilleul et le marronnier.

Harlem, voyant que Leyde sa voisine, et Amsterdam sa reine, prenaient, l'une, le chemin de devenir une ville de science, et l'autre celui de devenir une ville de commerce, Harlem avait voulu être une ville agricole ou plutôt horticole.

En effet, bien close, bien aérée, bien

chauffée au soleil, elle donnait aux jardiniers des garanties que toute autre ville, avec ses vents de mer ou ses soleils de plaine, n'eût point su leur offrir.

Aussi avait-on vu s'établir à Harlem tous ces esprits tranquilles qui possédaient l'amour de la terre et de ses biens, comme on avait vu s'établir à Rotterdam et à Amsterdam tous les esprits inquiets et remuants, qui possèdent l'amour des voyages et du commerce, comme on avait vu s'établir à La Haye tous les politiques et les mondains.

Nous avons dit que Leyde avait été la conquête des savants.

Harlem prit donc le goût des choses douces, de musique, de peinture, des vergers, des promenades, des bois et des parterres.

Harlem devint folle des fleurs, et, entre autres fleurs, des tulipes.

Harlem proposa des prix en l'honneur des tulipes, et nous arrivons ainsi, fort naturellement comme on voit, à parler de celui que la ville proposait, le 15 mai 1675, en l'honneur de la grande tulipe noire, sans tache et sans défaut, qui devait rapporter cent mille florins à son inventeur.

Harlem ayant mis en lumière sa spécialité, Harlem ayant affiché son goût pour les fleurs en général et les tulipes en particulier, dans un temps où tout était à la guerre ou aux séditions, Harlem ayant eu l'insigne joie de voir florir l'idéal de ses prétentions et l'insigne honneur de voir fleurir l'idéal des tulipes, Harlem, la jolie ville pleine de bois et de soleil, d'ombre et de lumière, Harlem avait voulu faire de cette cérémonie de l'inauguration du prix une fête qui durât éternellement dans le souvenir des hommes.

Et elle en avait d'autant plus le droit que la Hollande est le pays des fêtes ; jamais nature plus paresseuse ne déploya plus d'ardeur criante, chantante et dansante que celle des bons républicains des

Sept-Provinces à l'occasion des divertissements.

Voyez plutôt les tableaux des deux Teniers.

Il est certain que les paresseux sont de tous les hommes les plus ardents à se fatiguer, non pas lorsqu'ils se mettent au travail, mais lorsqu'ils se mettent au plaisir.

Harlem s'était donc mise triplement en joie, car elle avait à fêter une triple solennité : la tulipe noire avait été découverte, puis le prince Gulllaume d'Orange assistait à la cérémonie, en vrai Hollandais qu'il était. Enfin il était de l'honneur des

États de montrer aux Français, à la suite d'une guerre aussi désastreuse que l'avait été celle de 1672, que le plancher de la république batave était solide à ce point qu'on y pût danser avec accompagnement du canon des flottes.

La Société horticole de Harlem s'était montrée digne d'elle en donnant cent mille florins d'un oignon de tulipe. La ville n'avait pas voulu rester en arrière, et elle avait voté une somme pareille, qui avait été remise aux mains de ses notables pour fêter ce prix national.

Aussi était-ce, au dimanche fixé pour cette cérémonie, un tel empressement de la foule, un tel enhousiasme des citadins, que l'on n'eût pu s'empêcher, même avec ce sourire narquois des Français, qui rient de tout et partout, d'admirer le caractère de ces bons Hollandais, prêts à dépenser leur argent aussi bien pour construire un vaisseau destiné à combattre l'ennemi, c'est-à-dire à soutenir l'honneur de la nation, que pour récompenser l'invention d'une fleur nouvelle destinée à briller un jour et destinée à distraire pendant ce jour les femmes, les savants et les curieux.

En tête des notables et du comité horticole, brillait M. van Systens, paré de ses plus riches habits.

Le digne homme avait fait tous ses ef-

forts pour ressembler à sa fleur favorite
par l'élégance sombre et sévère de ses vê-
tements, et hâtons-nous de dire à sa gloire
qu'il y avait parfaitement réussi.

Noir de jais, velours scabieuse, soie pensée, tel était, avec du linge d'une blancheur éblouissante, la tenue cérémoniale
du président, lequel marchait en tête de
son comité, avec un énorme bouquet pareil
à celui que portait, deux cent vingt-et-un
ans plus tard, M. de Robespierre, à la fête
de l'Etre-Suprême.

Seulement, le brave président, à la
place de ce cœur gonflé de haine et de
ressentiments ambitieux du tribun français, avait dans la poitrine une fleur non

moins innocente que la plus innocente de celles qu'il tenait à la main.

On voyait derrière ce comité, diapré comme une pelouse, parfumé comme un printemps, les corps savants de la ville, les magistrats, les militaires, les nobles et les rustres.

Le peuple, même chez MM. les républicains des Sept-Provinces, n'avait point son rang dans cet ordre de marche; il faisait la haie.

C'est, au reste, la meilleure de toutes les places pour voir... et pour avoir.

C'est la place des multitudes, qui attendent, philosophie des Etats, que les triomphes aient défilé, pour savoir ce qu'il en faut dire, et quelquefois ce qu'il en faut faire.

Mais cette fois il n'était question, ni du triomphe de Pompée, ni du triomphe de César. Cette fois on ne célébrait ni la défaite de Mithridate, ni la conquête des Gaules. La procession était douce comme le passage d'un troupeau de moutons sur la terre, inoffensive comme le vol d'une troupe d'oiseaux dans l'air.

Harlem n'avait d'autres triomphateurs que ses jardiniers. Adorant les fleurs, Harlem divinisait le fleuriste.

On voyait au centre du cortège pacifique et parfumé la tulipe noire, portée sur une civière couverte de velours blanc, frangé d'or. Quatre hommes portaient les brancards et se voyaient relayés par d'autres, ainsi qu'à Rome étaient relayés ceux qui portaient la mère Cybèle, lorsqu'elle entra dans la ville éternelle, apportée d'Etrurie au son des fanfares et aux adorations de tout un peuple.

Cette exhibition de la tulipe, c'était un hommage rendu par tout un peuple sans culture et sans goût, au goût et à la culture des chefs célèbres et pieux dont il savait jeter le sang aux pavés fangeux du Buytenhoff, sauf plus tard à inscrire les noms de ses victimes sur la plus belle pierre du Panthéon hollandais.

Il était convenu que le prince stathouder distribuerait certainement lui-même le prix de cent mille florins, ce qui intéressait tout le monde en général, et qu'il prononcerait peut-être un discours, ce qui intéressait en particulier ses amis et ses ennemis.

En effet, dans les discours les plus indifférents des hommes politiques, les amis ou les ennemis de ces hommes veulent toujours y voir reluire et croient toujours pouvoir interpréter, par conséquent, un rayon de leur pensée.

Comme si le chapeau de l'homme politique n'était pas un boisseau destiné à intercepter toute lumière.

Enfin, ce grand jour tant attendu du 15 mai 1675 était donc arrivé, et Harlem tout entière, renforcée de ses environs, s'était rangée le long des beaux arbres du bois, avec la résolution bien arrêtée de n'applaudir cette fois ni les conquérants de la guerre, ni ceux de la science, mais tout simplement ceux de la nature, qui venaient de forcer cette inépuisable mère à l'enfantement, jusqu'alors cru impossible, de la tulipe noire.

Mais rien ne tient moins chez les peuples que cette résolution prise de n'applaudir que telle ou telle chose. Quand une ville est en train d'applaudir, c'est comme lorsqu'elle est en train de siffler, elle ne sait jamais où elle s'arrêtera.

Elle applaudit donc d'abord van Systens et son bouquet, elle applaudit ses corporations, elle s'applaudit elle-même; et enfin, avec toute justice cette fois, avouons-le, elle applaudit d'excellente musique que les messieurs de la ville prodiguaient généreusement à chaque halte.

Tous les yeux cherchaient, après l'héroïne de la fête, qui était la tulipe noire, le héros de la fête qui, tout naturellement, était l'auteur de cette tulipe.

Ce héros paraissant à la suite du discours que nous avons vu le bon van Systens élaborer avec tant de conscience ; ce héros eût produit certes plus d'effet que le stathouder lui-même.

Mais, pour nous, l'intérêt de la journée n'est ni dans ce vénérable discours de notre ami Van Systens, si éloquent qu'il fût, ni dans les jeunes aristocrates endimanchés croquant leurs lourds gâteaux, ni dans les pauvres petits plébéiens, à demi-nus, grignottant des anguilles fumées, pareilles à des bâtons de vanille. L'intérêt n'est pas même dans ces belles Hollandaises, au teint rose et au sein blanc, ni dans les mynheer gras et trapus qui n'avaient jamais quitté leurs maisons, ni dans les maigres et jaunes voyageurs arrivant de Ceylan ou de Java, ni dans la populace altérée qui avale, en guise de rafraîchissements, le concombre confit dans la saumure. Non, pour nous l'intérêt de la situation, l'intérêt puissant, l'intérêt dramatique n'est pas là.

L'intérêt est dans une figure rayonnante et animée, qui marche au milieu des membres du comité d'horticulture ; l'intérêt est dans ce personnage fleuri à la ceinture, peigné, lissé, tout d'écarlate vêtu, couleur qui fait ressortir son poil noir et son teint jaune.

Ce triomphateur rayonnant, enivré, ce

héros du jour, destiné à l'insigne honneur de faire oublier le discours de van Systens et la présence du stathouder, c'est Isaac Boxtel, qui voit marcher en avant de lui, à sa droite, sur un coussin de velours, la tulipe noire, sa prétendue fille; à sa gauche, dans une vaste bourse, les cent mille florins en belle monnaie d'or reluisante, étincelante, et qui a pris le parti de loucher en dehors pour ne pas les perdre un instant de vue.

De temps en temps Boxtel hâte le pas pour aller frotter son coude au coude de van Systens. Boxtel prend à chacun un peu de sa valeur, pour en composer une valeur à lui, comme il a volé à Rosa sa tulipe pour en faire sa gloire et sa fortune.

Encore un quart-d'heure, au reste, et le prince arrivera ; le cortège fera halte au dernier reposoir; la tulipe étant placée sur son trône, le prince, qui cède le pas à cette rivale dans l'adoration publique, prendra un vélin magnifiquement enluminé, sur lequel est écrit le nom de l'auteur, et il proclamera à haute et intelligible voix, qu'il a été découvert une merveille; que la Hollande, par l'intermédiaire de lui Boxtel, a forcé la nature à produire une fleur noire, et que cette fleur s'appellera désormais *Tulipa negra Boxtellea*.

De temps en temps cependant, Boxtel quitte pour un moment des yeux la tulipe et la bourse, et regarde timidement dans la foule, car dans cette foule il redoute par-dessus tout d'apercevoir la pâle figure de la belle Frisonne.

Ce serait un spectre, on le comprend, qui troublerait sa fête, ni plus ni moins que le spectre de Banco troubla le festin de Macbeth.

Et, hâtons-nous de le dire, ce misérable, qui a franchi un mur qui n'était pas son mur, qui a escaladé une fenêtre pour entrer dans la maison de son voisin; qui, avec une fausse clef, a violé la chambre de Rosa; cet homme qui a volé enfin la gloire d'un homme et la dot d'une femme, cet homme ne se regarde pas comme un voleur.

Il a tellement veillé sur cette tulipe, il l'a suivie si ardemment du tiroir du séchoir de Cornélius jusqu'à l'échafaud du Buytenhoff, de l'échafaud du Buytenhoff à la prison de la forteresse de Lœwestein, il l'a si bien vue naître et grandir sur la fenêtre de Rosa, il a tant de fois réchauffé l'air autour d'elle avec son souffle, que nul n'en est plus l'auteur que lui-même; quiconque à cette heure lui prendrait la tulipe noire la lui volerait.

Mais il n'aperçut point Rosa.

Il en résulta que la joie de Boxtel ne fut pas troublée.

Le cortège s'arrêta au centre d'un rond

point dont les arbres magnifiques étaient décorés de guirlandes et d'inscriptions ; le cortège s'arrêta au son d'une musique bruyante, et les jeunes filles de Harlem parurent pour escorter la tulipe jusqu'au siége élevé qu'elle devait occuper sur l'estrade, à côté du fauteuil d'or de Son Altesse le stathouder.

Et la tulipe orgueilleuse, hissée sur son piédestal, domina bientôt l'assemblée, qui battit des mains et fit retentir les échos de Harlem d'un immense applaudissement.

IX

XI

Une dernière prière.

En ce moment solennel et comme ces applaudissements se faisaient entendre, un carrosse passait sur la route qui borde le bois, et suivait lentement son chemin à cause des enfants refoulés hors de l'avenue d'arbres par l'empressement des hommes et des femmes.

Ce carrosse, poudreux, fatigué, criant sur ses essieux, renfermait le malheureux van Baërle, à qui, par la portière ouverte, commençait de s'offrir le spectacle que nous avons essayé, bien imparfaitement sans doute, de mettre sous les yeux de nos lecteurs.

Cette foule, ce bruit, ce miroitement de toutes les splendeurs humaines et naturelles, éblouirent le prisonnier comme un éclair qui serait entré dans son cachot.

Malgré le peu d'empressement qu'avait mis son compagnon à lui répondre lorsqu'il l'avait interrogé sur son propre sort, il se hasarda à l'interroger une dernière fois sur tout ce remue-ménage, qu'au premier abord il devait et pouvait croire lui être totalement étranger.

— Qu'est-ce cela, je vous prie, monsieur le lieutenant? demanda-t-il à l'officier chargé de l'escorter.

— Comme vous pouvez le voir, monsieur, répliqua celui-ci, c'est une fête,

— Ah! une fête! dit Cornélius de ce ton lugubrement indifférent d'un homme à qui nulle joie de ce monde n'appartient plus depuis longtemps.

Puis, après un instant de silence et comme la voiture avait roulé quelques pas.

— La fête patronale de Harlem? demanda-t-il, car je vois bien des fleurs.

— C'est en effet une fête où les fleurs jouent le principal rôle, monsieur.

— Oh! les doux parfums! oh! les belles couleurs! s'écria Cornélius.

— Arrêtez, que monsieur voie, dit avec un de ces mouvements de douce pitié qu'on ne trouve que chez les militaires, l'officier au soldat chargé du rôle de postillon.

— Oh ! merci, monsieur, de votre obligeance, repartit mélancoliquement van Baërle ; mais ce m'est une bien douloureuse joie que celle des autres : épargnez-la moi donc, je vous prie.

— A votre aise ; marchons, alors. J'avais commandé qu'on arrêtât, parce que vous me l'aviez demandé, et ensuite, parce que vous passiez pour aimer les fleurs, celles surtout dont on célèbre la fête aujourd'hui.

— Et de quelles fleurs célèbre-t-on la fête aujourd'hui, monsieur ?

— Celle des tulipes.

— Celle des tulipes! s'écria van Baërle ; c'est la fête des tulipes, aujourd'hui?

— Oui, monsieur ; mais puisque ce spectacle vous est désagréable, marchons.

Et l'officier s'apprêta à donner l'ordre de continuer la route.

Mais Cornélius l'arrêta, un doute douloureux venait de traverser sa pensée.

— Monsieur, demanda-t-il d'une voix tremblante, serait-ce donc aujourd'hui que l'on donne le prix !

— Le prix de la tulipe noire, oui.

Les joues de Cornélius s'empourprèrent, un frisson courut par tout son corps, la sueur perla son front.

Puis, réfléchissant que lui et sa tulipe absents la fête avorterait sans doute faute d'un homme et d'une fleur à couronner.

— Hélas ! dit-il, tous ces braves gens seront aussi malheureux que moi, car ils ne verront pas cette grande solennité à laquelle ils sont conviés, ou du moins ils la verront incomplète.

— Que voulez-vous dire ? monsieur.

— Je veux dire que jamais, dit Cornélius en se rejetant au fond de la voiture, excepté par quelqu'un que je connais, la tulipe noire ne sera trouvée.

— Alors, monsieur, dit l'officier, ce quelqu'un que vous connaissez l'a trouvée ; car ce que tout Harlem contemple en ce moment, c'est la fleur que vous regardez comme introuvable.

— La tulipe noire ! s'écria van Baërle en jetant la moitié de son corps par la portière. Où cela ? où cela ?

— Là-bas, sur le trône, voyez-vous ?

— Je vois !

— Allons, monsieur, dit l'officier, maintenant il faut partir.

— Oh! par pitié, par grâce, monsieur, dit van Baërle, oh! ne m'emmenez pas! laissez-moi regarder encore! Comment, ce que je vois là-bas est la tulipe noire, bien noire... est-ce possible? oh! monsieur l'avez-vous vue? elle doit avoir des taches, elle doit être imparfaite, elle est peut-être teinte en noir seulement; oh! si j'étais là, je saurais bien le dire, moi, monsieur; laissez-moi descendre, laissez-moi la voir de près, je vous prie.

— Etes-vous fou, monsieur, le puis-je?

— Je vous en supplie.

— Mais vous oubliez que vous êtes prisonnier?

— Je suis prisonnier, il est vrai ; mais je suis un homme d'honneur ; et sur mon honneur, monsieur, je ne me sauverai pas ; je ne tenterai pas de fuir ; laissez-moi seulement regarder la fleur !

— Mais mes ordres, Monsieur?

Et l'officier fit un nouveau mouvement pour ordonner au soldat de se remettre en route.

Cornélius l'arrêta encore.

— Oh ! soyez patient, soyez généreux, toute ma vie repose sur un mouvement de votre pitié. Hélas ! ma vie, Monsieur, elle ne sera probablement pas longue maintenant. Ah ! vous ne savez pas, Monsieur, ce que je souffre ; vous ne savez pas, Monsieur, tout ce qui se combat dans ma tête et dans mon cœur ; car enfin, continua Cornélius avec désespoir, si c'était ma tulipe à moi, si c'était celle que l'on a volée à Rosa. Oh ! Monsieur, comprenez-vous bien ce que c'est que d'avoir trouvé la tulipe noire, de l'avoir vue un instant, d'avoir reconnu qu'elle était parfaite, que c'était à la fois un chef-d'œuvre de l'art et de la nature, et de la perdre, de la perdre à tout jamais. Oh ! il faut que je sorte, Monsieur, il faut que j'aille voir, vous me tuerez après si vous voulez, mais je la verrai, je la verrai.

— Taisez-vous, malheureux, et rentrez vite dans votre carrosse, car voici l'escorte de Son Altesse le stathouder qui croise la vôtre, et si le prince remarquait un scandale, entendait un bruit, ce serait fait de vous et de moi.

Van Baërle, encore plus effrayé pour son compagnon que pour lui-même, se rejeta dans le carrosse, mais il ne put y tenir une demi-minute, et les vingt premiers cavaliers étaient à peine passés qu'il se remit à la portière, en gesticulant et en suppliant le stathouder juste au moment où celui-ci passait.

Guillaume, impassible et simple comme d'ordinaire, se rendait à la place pour accomplir son devoir de président. Il avait à la main son rouleau de vélin, qui était, dans cette journée de fête, devenu son bâton de commandement.

Voyant cet homme qui gesticulait et qui suppliait, reconnaissant aussi peut-être l'officier qui accompagnait cet homme, le prince stathouder donna l'ordre d'arrêter.

A l'instant même, ses chevaux frémissant sur leurs jarrets d'acier, firent halte à six pas de Van Baërle encagé dans son carrosse.

— Qu'est-ce cela? demanda le prince à

l'officier, qui, au premier ordre du stathouder, avait sauté en bas de la voiture, et qui s'approchait respectueusement de lui.

— Monseigneur, dit-il, c'est le prisonnier d'Etat que, par votre ordre, j'ai été chercher à Lœwestein, et que je vous amène à Harlem, comme Votre Altesse l'a désiré.

— Que veut-il?

— Il demande avec instance qu'on lui permette d'arrêter un instant ici.

— Pour voir la tulipe noire, Monseigneur, cria Van Baërle en joignant les mains, et après quand je l'aurai vue, quand j'aurai su ce que je dois savoir, je mourrai, s'il le faut, mais en mourant je bénirai Votre Altesse miséricordieuse, intermédiaire entre la Divinité et moi ; Votre Altesse, qui permettra que mon œuvre ait eu sa fin et sa glorification.

C'était en effet un curieux spectacle que celui de ces deux hommes, chacun à la portière de son carrosse, entouré de leurs gardes ; l'un tout-puissant, l'autre misérable ; l'un près de monter sur son trône, l'autre se croyant près de monter sur son échafaud.

Guillaume avait regardé froidement

Cornélius et entendu sa véhémente prière.

Alors, s'adressant à l'officier :

— Cet homme, dit-il, est le prisonnier rebelle qui a voulu tuer son geôlier à Lœwestein.

Cornélius poussa un soupir et baissa la tête. Sa douce et honnête figure rougit et pâlit à la fois. Ces mots du prince omnipotent, omniscient, cette infaillibilité divine qui, par quelque messager secret et invisible au reste des hommes, savait déjà son crime, lui présageaient non-seulement une punition plus certaine, mais encore un refus.

Il n'essaya point de lutter, il n'essaya point de se défendre : il offrit au prince ce spectacle touchant d'un désespoir naïf bien intelligible et bien émouvant pour un si grand cœur et un si grand esprit que celui qui le contemplait.

— Permettez au prisonnier de descendre, dit le stathouder, et qu'il aille voir la tulipe noire, bien digne d'être vue au moins une fois.

— Oh! fit Cornélius près de s'évanouir de joie et chancelant sur le marche-pied du carrosse, oh! Monseigneur!

Et il suffoqua; et sans le bras de l'officier qui lui prêta son appui, c'est à genoux et le front dans la poussière que le pauvre Cornélius eût remercié Son Altesse.

Cette permission donnée, le prince continua sa route dans le bois au milieu des acclamations les plus enthousiastes.

Il parvint bientôt à son estrade, et le canon tonna dans les profondeurs de l'horizon.

CONCLUSION.

Van Baërle, conduit par quatre gardes qui se frayaient un chemin dans la foule, perça obliquement vers la tulipe noire, que dévoraient ses regards de plus en plus rapprochés.

Il la vit enfin, la fleur unique qui devait, sous des combinaisons inconnues de chaud, de froid, d'ombre et de lumière, apparaître un jour pour disparaître à jamais. Il la vit à six pas ; il en savoura les perfections et les grâces ; il la vit derrière les jeunes filles qui formaient une garde d'honneur à cette reine de noblesse et de pureté. Et cependant, plus il s'assurait par ses propres yeux de la perfection de la fleur, plus son cœur était déchiré. Il cherchait tout autour de lui pour adresser une question, une seule. Mais partout des visages inconnus ; partout l'attention s'adressant au trône sur lequel venait de s'asseoir le stathouder.

Guillaume, qui attirait l'attention générale, se leva, promena un tranquille regard sur la foule enivrée, et son œil perçant s'arrêta tour à tour sur les trois extrémités d'un triangle formé en face de lui par trois intérêts et par trois drames bien différents.

A l'un des angles, Boxtel, frémissant d'impatience et dévorant de toute son attention le prince, les florins, la tulipe noire et l'assemblée;

A l'autre, Cornélius haletant, muet, n'ayant de regard, de vie, de cœur, d'amour, que pour la tulipe noire, sa fille;

Enfin, au troisième, debout sur un gradin, parmi les vierges de Harlem, une belle Frisonne vêtue de fine laine rouge brodée d'argent et couverte de dentelles tombant à flots de son casque d'or.

Rosa, enfin, qui s'appuyait, défaillante et l'œil noyé, au bras d'un des officiers de Guillaume.

Le prince, alors, voyant tous ses auditeurs disposés, déroula lentement le vélin, et d'une voix calme, nette, bien que faible, mais dont pas une note ne se perdait, grâce au silence religieux qui s'abattit tout-à-coup sur les cinquante mille spectateurs, et enchaîna leur souffle à ses lèvres.

— Vous savez, dit-il, dans quel but vous avez été réunis ici.

Un prix de cent mille florins a été promis à celui qui trouverait la tulipe noire.

La tulipe noire! et cette merveille de Hollande est là exposée à vos yeux; la tulipe noire a été trouvée, et cela dans toutes les conditions exigées par le programme de la Société horticole de Harlem.

L'histoire de sa naissance et le nom de son auteur seront inscrits au livre d'honneur de la ville.

Faites approcher la personne qui est propriétaire de la tulipe noire.

Et en prononçant ces paroles, le prince, pour juger de l'effet qu'elles produiraient, promena son clair regard sur les trois extrémités du triangle.

Il vit Boxtel s'élancer de son gradin.

Il vit Cornélius faire un mouvement involontaire.

Il vit enfin l'officier chargé de veiller sur Rosa la conduire, ou plutôt la pousser devant son trône.

Un double cri partit à la fois à la droite et à la gauche du prince.

Boxtel foudroyé, Cornélius éperdu, avaient tous deux crié : Rosa! Rosa!

— Cette tulipe est bien à vous, n'est-ce pas, jeune fille? dit le prince.

— Oui, Monseigneur! balbutia Rosa, qu'un murmure universel venait de saluer en sa touchante beauté.

— Oh! murmura Cornélius, elle mentait donc lorsqu'elle disait qu'on lui avait volé cette fleur. Oh! voilà donc pourquoi elle avait quitté Lœwestein! oh! oublié, trahi par elle, par elle que je croyais ma meilleure amie.

— Oh! gémit Boxtel de son côté, je suis perdu!

— Cette tulipe, poursuivit le prince, portera donc le nom de son inventeur, et sera inscrite au catalogue des fleurs, sous le titre de *Tulipia negra Rosa Barlœnsis,* à cause du nom de van Baërle, qui sera désormais le nom de femme de cette jeune fille.

Et en même temps Guillaume prit la main de Rosa et la mit dans la main d'un homme qui venait de s'élancer, pâle, étourdi, écrasé de joie au pied du trône, en saluant tour à tour son prince, sa fiancée et Dieu, qui, du fond du ciel azuré, regardait en souriant le spectacle de deux cœurs heureux.

En même temps aussi tombait aux pieds du président van Systens un autre homme frappé d'une émotion bien différente.

Boxtel, anéanti sous la ruine de ses espérances, venait de s'évanouir.

On le releva, on interrogea son pouls et son cœur ; il était mort.

Cet incident ne troubla point autrement la fête, attendu que ni le président ni le prince ne parurent s'en préoccuper beaucoup.

Cornélius recula épouvanté; dans son voleur, dans son faux Jacob, il venait de reconnaître le vrai Isaac Boxtel, son voisin, que, dans la pureté de son âme, il n'avait jamais soupçonné un seul instant d'une si méchante action.

Ce fut, au reste, un grand bonheur pour Boxtel que Dieu lui eût envoyé si à propos cette attaque d'apoplexie foudroyante, qu'elle l'empêcha de voir plus longtemps des choses si douloureuses pour son orgueil et son avarice.

Puis, au son des trompettes, la procession reprit sa marche sans qu'il y eût rien de changé dans son cérémonial, sinon que

Boxtel était mort, et que Cornélius et Rosa, triomphants, marchaient côte à côte et la main de l'un dans la main de l'autre.

Quand on fut rentré à l'hôtel de ville, le prince montrant du doigt à Cornélius la bourse aux cent mille florins d'or :

— On ne sait trop, dit-il, par qui est gagné cet argent, si c'est par vous ou si c'est par Rosa? car si vous avez trouvé la tulipe noire, elle l'a élevée et fait fleurir; aussi ne l'offrira-t-elle pas comme dot, ce serait injuste.

D'ailleurs, c'est le don de la ville de Harlem à la tulipe.

Cornélius attendait pour savoir où voulait en venir le prince. Celui-ci continua :

— Je donne à Rosa cent mille florins, qu'elle aura bien gagnés et qu'elle pourra vous offrir ; ils sont le prix de son amour, de son courage et de son honnêteté.

— Quant à vous, Monsieur, grâce à Rosa encore, qui a apporté la preuve de votre innocence, et en disant ces mots, le prince tendit à Cornélius le fameux feuillet de la Bible, sur lequel était écrite la lettre de Corneille de Witt, et qui avait servi à envelopper le troisième caïeu ; quant à vous, l'on s'est aperçu que vous aviez été emprisonné pour un crime que vous n'aviez pas commis.

C'est vous dire, non-seulement que vous êtes libre, mais encore que les biens d'un homme innocent ne peuvent être confisqués.

Vos biens vous sont donc rendus.

Monsieur van Baërle, vous êtes le filleul de M. Corneille de Witt et l'ami de M. Jean. Restez digne du nom que vous a confié l'un sur les fonts de baptême, et de l'amitié que l'autre vous avait vouée. Conservez la tradition de leurs mérites à tous deux, car ces MM. de Witt, mal jugés, mal punis, dans un moment d'erreur populaire, étaient deux grands citoyens dont la Hollande est fière aujourd'hui.

Le prince, après ces deux mots qu'il prononça d'une voix émue, contre son habitude, donna ses deux mains à baiser aux deux époux, qui s'agenouillèrent à ses côtés.

Puis, poussant un soupir :

— Hélas ! dit-il, vous êtes bien heureux vous, qui peut-être rêvant la vraie gloire de la Hollande et surtout son vrai bonheur, ne cherchez à lui conquérir que de nouvelles couleurs en tulipes.

Et jetant un regard du côté de la France, comme s'il eût vu de nouveaux nuages s'amonceler de ce côté là, il remonta dans son carrosse et partit.

———

De son côté, Cornélius, le même jour, partit pour Dordrecht avec Rosa, qui, par la vieille Zug, qu'on lui expédia en qualité d'ambassadeur, fit prévenir son père de tout ce qui s'était passé.

Ceux qui, grâce à l'exposé que nous avons fait, connaissent le caractère du vieux Gryphus, comprendront qu'il se réconcilia difficilement avec son gendre.

Il avait sur le cœur les coups de bâton reçus, il les avait comptés par les meurtrissures ; ils montaient, disait-il, à quarante-un ; mais il finit par se rendre, pour n'être pas moins généreux, disait-il, que Son Altesse le stathouder.

Devenu gardien de tulipes, après avoir été geôlier d'hommes, il fut le plus rude geôlier de fleurs qu'on eût encore rencontré dans les Flandres. Aussi fallait-il le voir, surveillant les papillons dangereux, tuant les mulots et chassant les abeilles trop affamées.

Comme il avait appris l'histoire de Boxtel et qu'il était furieux d'avoir été la dupe du faux Jacob, ce fut lui qui démolit l'observatoire élevé jadis par l'envieux derrière le sycomore ; car l'enclos de Boxtel, vendu à l'encan, s'enclava dans les plates-bandes de Cornélius, qui s'arrondit de façon à défier tous les télescopes de Dordrecht.

Rosa, de plus en plus belle, devint de plus en plus savante, et au bout de deux ans de mariage, elle savait si bien lire et écrire, qu'elle put se charger seule de l'éducation de deux beaux enfants, qui lui étaient poussés au mois de mai 1674 et 1675, comme des tulipes, et qui lui avaient donné bien moins de mal que la fameuse fleur à laquelle elle devait de les avoir.

Il va sans dire que l'un étant un garçon et l'autre une fille, le premier reçut le nom de Cornélius, et la seconde, celui de Rosa.

Van Baërle resta fidèle à Rosa, comme à ses tulipes ; toute sa vie, il s'occupa du bonheur de sa femme et de la culture des fleurs, culture, grâce à laquelle il trouva un grand nombre de variétés qui sont inscrites au catalogue hollandais.

Les deux principaux ornements de son salon étaient dans deux grands cadres d'or, ces deux feuillets de la Bible de Corneille de Witt; sur l'un, on se le rappelle, son parrain lui avait écrit de brûler la correspondance du marquis de Louvois.

Sur l'autre, il avait légué à Rosa le caïeu de la tulipe noire, à la condition qu'avec sa dot de cent mille florins elle épouserait un beau garçon de vingt-six à vingt-huit ans, qui l'aimerait et qu'elle aimerait.

Condition qui avait été scrupuleusement remplie, quoique Cornélius ne fût point mort, et justement parce qu'il n'était point mort.

Enfin, pour combattre les envieux à

venir, dont la Providence n'aurait peut-être pas eu le loisir de le débarrasser comme elle avait fait de mynheer Isaac Boxtel, il écrivit au-dessus de sa porte ce vers, que Grotius avait gravé, le jour de sa fuite, sur le mur de sa prison :

« On a quelquefois assez souffert pour avoir le droit de ne jamais dire : *Je suis trop heureux.* »

FIN

TABLE

DU TROISIÈME VOLUME.

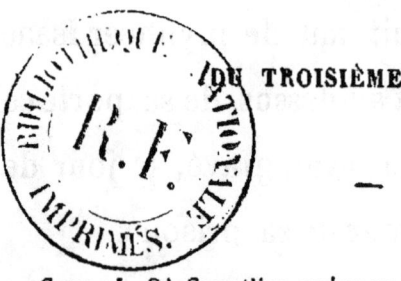

Chap. I. Où Cornélius embrasse la tulipe noire. . .	3
II. L'envieux.	29
III. Où la tulipe noire change de maître . . .	57
IV. Le président van Systens.	77
V. Un membre de la société horticole. . . .	105
VI. Le troisième caïeu.	141
VII. La chanson des fleurs.	173
VIII. Où van Baërle, avant de quitter Lœwestein, règle ses comptes avec Gryphus. . . .	205
IX. Où l'on commence de se douter à quel supplice était réservé Cornélius van Baërle. .	235
X. Harlem.	253
XI. Une dernière prière.	277
Conclusion.	297

SCEAUX, IMP. DE E. DÉPÉE.

CHEZ LE MÊME ÉDITEUR

LES DEUX FAVORITES
PAR EMMANUEL GONZALÈS.
3 volumes in-8. (*sous presse*).

LES CHERCHEURS D'OR
PAR EMMANUEL GONZALÈS.
2 volumes in-8 (*sous presse*).

LE VENGEUR DU MARI
PAR EMMANUEL GONZALÈS.
4 volumes in-8.

LES MYSTÈRES DU CHATEAU ROUGE
PAR LE MARQUIS DE FOUDRAS.
4 volumes in-8 (*sous presse*).

ALIZIA PAULI
Ouvrage complet en 4 volumes in-8.
PAR PAUL FÉVAL.

LA BIEN-AIMÉE DU SACRÉ-COEUR
Par Mme la comtesse DASH.
3 volumes in-8 (*sous presse*).

CORBEIL, typ. et lith. de CRÉTÉ.

www.ingramcontent.com/pod-product-compliance
Lightning Source LLC
Chambersburg PA
CBHW060636170426
43199CB00012B/1577